MARKETING PESSOAL

COMUNIQUE BEM EM PÚBLICO NA ERA DO KKK

GERENTE EDITORIAL
Roger Conovalov

PROJETO GRÁFICO
Lura Editorial

DIAGRAMAÇÃO
Juliana Blanco

REVISÃO
Mitiyo Murayama

CAPA
Grillo
Luiz Guilherme
Reginaldo Rodrigues

Todos os direitos desta edição são reservados a Reginaldo Rodrigues

LURA EDITORIAL – 2019
Rua Rafael Sampaio Vidal, 291
São Caetano do Sul, SP – CEP 05550-170
Tel: (11) 4221-8215
Site: www.luraeditorial.com.br
E-mail: contato@luraeditorial.com.br

Todos os direitos reservados. Impresso no Brasil.

Nenhuma parte deste livro pode ser utilizada, reproduzida ou armazenada em qualquer forma ou meio, seja mecânico ou eletrônico, fotocópia, gravação etc., sem a permissão por escrito do autor.

Catalogação na Fonte do Departamento Nacional do Livro
(Fundação Biblioteca Nacional, Brasil)

Rodrigues, Reginaldo
  Comunique bem em público na era do kkk / Reginaldo Rodrigues 1ª Edição, Lura Editorial - São Paulo - 2019.

ISBN: 978-65-80430-23-9

1. Marketing pessoal 2. Oratória 3. Comunicação I. Título.

Índice para catálogo sistemático:
I. Desenvolvimento pessoal .250

www.luraeditorial.com.br

REGINALDO RODRIGUES

MARKETING PESSOAL

COMUNIQUE BEM EM PÚBLICO NA ERA DO KKK

DESCUBRA AS TÉCNICAS DOS GRANDES ORADORES.
DICAS PRÁTICAS.

lura
EDITORIAL

Agradecimentos

Agradeço primeiramente a você, por estar neste momento iniciando a leitura. Isso é sinal de que gosta do tema, do meu trabalho ou de mim e isso é razão de satisfação, orgulho e vontade de produzir sempre mais e melhor. Sim, acredito que posso, e você também pode.

Este é meu segundo livro, embora devesse ter sido o primeiro pela significância do conteúdo e pela pessoalidade latente desde a concepção do projeto, que para mim teve início em 1991, quando fiz meu primeiro curso de oratória para atingir minha meta de ser locutor de rádio. Eu me imaginei no rádio, acreditei e atingi essa meta após treinamentos e persistência.

Tenha certeza que os escritos a seguir funcionam. Pode seguir que funciona, reafirmo. Proporcionaram resultados extraordinários para centenas de pessoas para as quais transmiti o conteúdo nesses mais de 25 anos de atuação. São segredos, não tão segredos assim, que estão acessíveis a todos que querem a vitória no jogo da comunicação neste novo mercado.

Fui extremamente tímido e "bobo" e hoje mostro às pessoas como pequenas atitudes fazem com que atinjam o que quiserem por meio de uma comunicação envolvente e assertiva. Acredite, você conseguirá converter as dicas a seguir em incríveis resultados.

Somente falo e escrevo algo em que eu acredite, sempre foi assim e espero que continue, pois imagino que seria bem desagradável e artificial, até sem graça, fazer qualquer coisa por obrigação ou pura e simplesmente por dinheiro, como é comum hoje em dia.

Agradeço ao meu amigo Eltinho, que agora é o Elton Novais, da Globo, que prontamente atendeu ao meu convite para prefaciar este livro, escrevendo coisas que eu nem sabia, mesmo com sua extensa agenda. Ele é um daqueles personagens marcantes e atentos, por isso tão respeitado no meio jornalístico.

Gratidão também à Docinho, que escreveu lindamente e com a alegria e naturalidade que sempre foram suas características. Docinho (das Meninas Superpoderosas), era o apelido carinhoso dado pelos colegas de faculdade a nossa colega Carina Pereira, que agora é apresentadora do Globo Esporte.

Agradecimento a todos que passaram e continuam passando diariamente pela minha vida, alguns em convivências mais longas e significativas, outros *en passant,* ainda assim importantes. Desse jeito me torno alguém mais ligado ainda às pessoas, que tão automaticamente vivem ou sobrevivem na era do *kkk*. Isso não é viver feliz, nem sempre o *kkk* é sinônimo de alegria.

Aos líderes com os quais trabalhei e aprendi, e aos líderes que me deram a oportunidade de desenvolvê-los por meio da Comunicação e Expressão, do Coaching, de Consultorias e Mentorias. A todos que mudaram seus conceitos, pensamentos e ações sob minha influência, alguns de maneira instantânea, outros com muito treinamento e persistência.

Não usarei da falsa modéstia para conquistar leitores. Afirmo que mudei a vida de muita gente, que acreditou em mim e no que eu faço. Esse é meu propósito, ajudar às pessoas que têm dificuldade, principalmente com comunicação e expressão, no novo mercado.

Nem tampouco serei arrogante ao ponto de acreditar em infalibilidade, que tudo que aplico dá certo, que o ápice já foi atingido, longe disso. Embora seja lugar-comum, a verdade é que o aprendizado é contínuo e para todos. O segredo é o treinamento e o monitoramento constante e todos mencionados aqui me obrigam a melhorar e aprender mais constantemente.

Obrigado a vocês, pois a cada mudança constatada, sentia que estava no caminho certo e com a responsabilidade de aprender sempre mais, para ajudar mais ainda, integrando assim um "delicioso" círculo de aprendizado e ensinamento. Ser professor me propicia isso. Você me garante isso, ao dedicar seu tempo à leitura do que aqui transmito.

Sabe o que é mais interessante? Não criei nada, apenas coloquei em prática o que li, vi e vivi. Li a respeito em dezenas de livros, vi muitas pessoas bem-sucedidas colocando em prática e vivi intensamente diante de turmas de quatro ou cinco pessoas, quando havia a expectativa de muito mais, ou diante de dezenas de milhares de pessoas em grandes eventos que apresentei.

"AS IDEIAS QUE DEFENDO NÃO SÃO MINHAS. EU AS TOMEI EMPRESTADAS DE SÓCRATES, ROUBEI-AS DE CHESTERFIELD, FURTEI-AS DE JESUS. E SE VOCÊ NÃO GOSTAR

*DAS IDEIAS DELES, QUAIS SERIAM
AS IDEIAS QUE VOCÊ USARIA?"*

Dale Carnegie

Portanto, desejo profundamente que use o que ler aqui acreditando que viverá algo novo na vida pessoal e profissional. Quero ser abordado em algum momento por você, dizendo que está feliz com os resultados.

Acredito que é isso o que dirá se começar a praticar agora. Depende única e exclusivamente de você. É fácil, se quiser verdadeiramente.

Vamos lá?

Comece agora.

Foco no foco, foco na meta!

spoiler do próximo livro kkk

Gratidão!!!

Dedico este livro a todos que já perderam grandes oportunidades pessoais ou profissionais pela timidez e pela dificuldade de se comunicar em público.

> **A ÚNICA COISA PERMANENTE É A MUDANÇA**
>
> Heráclito

Sumário

Prefácio 13

Que comece agora 19

A oratória e a retórica 31

O coaching 39

A comunicação 47

O medo da plateia 55

A fala 69

A estruturação 137

A leitura 145

A câmera 151

O microfone 159

Pode encerrar 167

Referências 173

Prefácio

O ano, 2001. Eu era apenas um ex-vendedor de material esportivo nos primeiros meses de faculdade, tentando encontrar um rumo na graduação. Minha turma era cheia de profissionais do Jornalismo, não só de Divinópolis, mas também de toda região Centro-Oeste. Alguns já com uma estrada considerável dentro daquela profissão que eu buscava simplesmente por amar esporte. E com o passar das semanas notava que tinha muita gente boa e com extrema capacidade jornalística.

Lembro bem o dia em que ouvi a voz do Reginaldo Rodrigues dentro da sala de aula. Naquele momento, fiz uma rápida reflexão: "Caramba! Já escutei essa voz!" Não era uma falsa lembrança. Aquele "cara" trabalhava em rádio. E eu sempre fui um admirador das rádios. Esperei o intervalo e fui lá falar com aquele colega de sala que quando abria a boca fazia todos os (sempre) serelepes alunos pararem para ouvir.

O modo que encontrei para entrar naquela conversa que ainda tinha outro conhecido radialista (Dudu Amaral) foi falar algo polêmico e nada era tão polêmico como o bom e velho futebol. Deu certo. Daquele dia em diante, Reginaldo Rodrigues passou a ser um grande amigo. Tive a honra de participar de um trabalho de grupo na disciplina de Rádio com ele. Tenho que confessar que não fui muito bem. Cheguei a temer pelo que poderia render na profissão, mas o Reginaldo estava ao meu lado para passar importantes dicas. Nem sei se ele sabe, mas muitas coisas que acompanhava ali, naquele trabalhinho simples da faculdade, levei para a vida.

Levei comigo a capacidade de ganhar "poderes" com o bom uso da voz. Nós nos formamos juntos três anos e meio depois daquele projeto. Cada um seguiu um rumo... Segui o caminho da televisão. Reginaldo Rodrigues virou um multifuncional comunicador e, tenho que dizer, mantendo o nível naquilo em que coloca a mão, ou melhor, em que solta a voz. Virou palestrante, coaching, consultor de Comunicação e Marketing e, para mim, eternamente dono de uma voz forte e marcante nas rádios. Cresceu sem parar... sem medo da comunicação. O melhor disso tudo é que ele ainda sabe ensinar como dominar o "medo" de se comunicar.

Então chegou a hora de "DOMINAR O MEDO DA COMUNICAÇÃO EM PÚBLICO", mais comum ainda nos tempos atuais, que ele chama de "era do *kkk*". É isso mesmo!? Você que nesse momento lê cada uma dessas palavrinhas e está aí pensando: "Poxa! Será que esse livro vai poder me ajudar? Digo de uma forma direta para você: Vai! Mas espere um pouco, você tem que se ajudar. Buscar entender e fazer aquilo que antes não teve coragem, pois o medo de se comunicar estava segurando sua vontade ou desejo de abrir a boca e gritar ao mundo: "Eu posso! Eu vou falar na frente de uma classe cheia, cantar para uma plateia, dançar em uma palestra para outras tantas pessoas que querem vencer a dificuldade do falar em público."

Sei que isso é real. Já vivi isso... Já "travei" bem na frente de uma câmera AO VIVO. Isso foi bem no início da minha carreira. E digo não é algo bom. Lembro que daquele dia em diante passei a observar mais os profissionais, aceitar melhor as técnicas e dicas dos mais experientes. E, pode acreditar, cada orientação me serviu muito bem. Hoje tento lembrar das conversas que tive com pessoas importantes que ajudaram no meu desenvolvimento profissional. E os anos na Faculdade, ao lado de profissionais prontos que só buscavam o "canudo", deram-me ainda mais capacidade de entender a dimensão do ser um bom comunicador.

Os capítulos que vão se seguir não são só para você que tem uma vontade louca de ser a próxima apresentadora ou apresentador da TV preferida. Nem somente para um futuro palestrante de sucesso e que vai lotar todos os auditórios.

Cada dica, relato, orientação, explicação ou exemplo pregado é também para o tímido (ou tímida) que queira simplesmente ser um pouco mais comunicativo. É importante afirmar que a comunicação é "meio caminho andado" na busca de uma conquista. Ter uma chance de falar aquilo que, às vezes, só pensa em dizer. Falta um pouco de coragem, né!? Quem sabe é somente um empurrão que você necessita!? E isso vem com uma boa e reflexiva leitura.

Volto a relatar aqueles primeiros dias da Faculdade de Jornalismo. Como já disse, Reginaldo Rodrigues chamava atenção sempre que pedia a palavra, e não só pela voz forte, mas também pela postura. E isso pode ser exatamente aquilo que vai fazer a diferença na sua formação. Sempre em turmas de faculdade existe aquela falação em uma aula ou outra. Um aluno pede a palavra, mas a resenha segue. Com o Reginaldo era diferente.

A voz dele dominava o ambiente todo da sala. E ele não gritava, nem falava alto. A voz dele ocupava por si todo espaço. E em uma conversa com ele descobri que na adolescência foi um cara tímido. Eu também tinha essa timidez. Só que Reginaldo sofria com ela. Ou seja, o autor do livro sabe exatamente como se livrar "dessa tal timidez". Creio que muita gente não se imagina falando em público! Que só de ver a união destas doze letras — LER EM PÚBLICO! —, já sente nervosismo. Então, chegou a hora de tentar uma alternativa direta, e a ação tem que ser agora.

Não deixe para depois. Isso tem que partir de você. Siga as orientações de quem um dia se escondeu no fundo de uma sala e tinha receio até de responder "presente" na chamada.

"Falar não é fácil… É quase tão difícil quanto fazer." Escrevi nessa ordem pois o autor me fez lembrar do ditado: "Falar é fácil! Difícil é fazer." Vou mais uma vez refletir sobre o poder da comunicação: ou você nasce com talento ou busca esse talento de comunicação. No nosso caso, buscamos e você também deve fazer isso. Buscar um caminho para ser um comunicador melhor. Não só pensando em concursos, palestras ou algo mais, e sim por você e para você se sentir melhor. "Falar não é fácil", mas pode se tornar. Aí você vai fazer tudo se tornar tão fácil quanto citar o velho e repetitivo ditado que tanto escuto ao longo da vida.

Aproveite cada uma das páginas para VENCER ESTE INIMIGO, O MEDO DA COMUNICAÇÃO EM PÚBLICO. Algo no seu interior o fez buscar uma alternativa para mudar o que tanto o deixa encabulado ao se propor falar em público. Então, utilize cada gotinha desse interior para aproveitar os ensinamentos. A oportunidade está aí! E se um dia tiver oportunidade, escute a voz do Reginaldo Rodrigues.

Elton Novais

Jornalista, participou da cobertura dos principais eventos esportivos do Brasil nos últimos anos. Foi produtor e repórter da TV Integração. Atualmente, é repórter da TV Globo e do Sportv.

"Que comece agora"

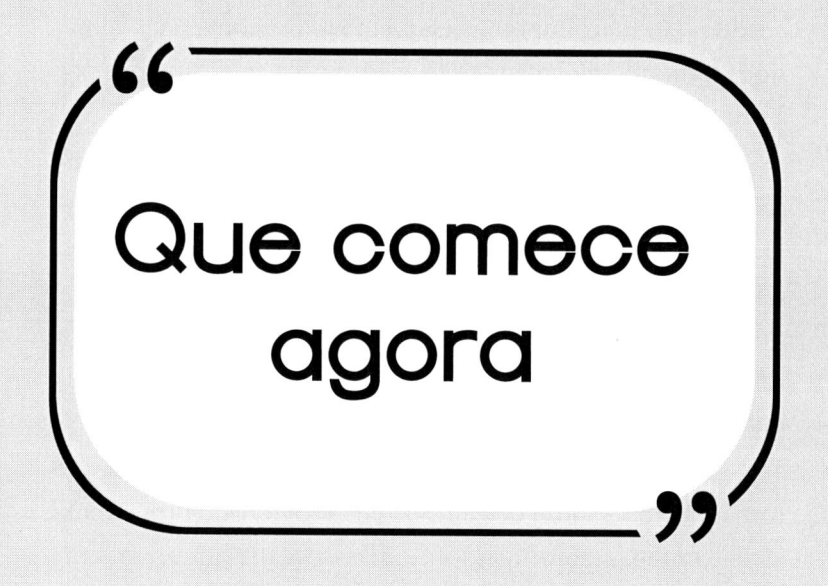

Pode parecer até estranho para alguns mais um livro sobre oratória e comunicação em público na era do *kkk*, do *rsrs* e do *vc*. Definitivamente, as pessoas estão lendo menos, e por conseguinte escrevendo pior e se expressando verbalmente de maneira lastimável. Isso por que *likes, views* e curtidas são mais importantes que uma boa conversa. Calma, fique tranquilo que meus escritos aqui não serão pautados por lamúrias, mesmo porque não é meu perfil.

Não obstante, gosto de leveza, praticidade e coisas engraçadas para abordar qualquer tema. Isso motiva apelidos engraçados e exagerados, como o da minha assessora Claudiane, que costuma se referir a mim como Senhor Motivação. Acredito que seja pelo fato de não deixar quieto ninguém próximo de mim. Estou sempre cutucando para que melhorem, progridam e busquem coisas e conhecimentos diferentes.

Faço isso nos relacionamentos pessoais, a ponto de me tornar chato segundo devolutivas pós-relacionamentos. Ainda assim, tenho a preocupação de deixarem melhores, ao irem embora, as pessoas que se aproximam de mim. Já cheguei a ouvir da tia Maria José que uma relação só é interessante para mim se puder ajudar a outra pessoa, e depois perde a graça. Claro que refutei.

Mesmo ficando chateado quando ouvi isso, ao refletir a respeito concluí que é verdade. Ouvir a verdade nem sempre é bom. Mas isso é inversamente proporcional, pois quero estar ao lado de alguém que me incentive, empurre e motive também, mesmo que minhas companhias precisem me puxar para trás, dados os excessos. Sim, sou intenso e muitas vezes beiro a inconsequência, segundo já ouvi.

As pessoas que deram uma olhada nos rascunhos já me perguntaram: que negócio é esse de "era do *kkk*"? Não é nada depreciativo mas, de fato, temos que considerar essa mudança radical de paradigmas na comunicação e nas relações. Definitivamente, o celular e tudo o que o acompanha tomou conta da comunicação e dificilmente isso irá mudar.

Em uma das poucas viagens sozinho com minha pequena Giulia, que a mãe chamava de pretinha, perguntei sobre a escola, leituras e trabalhos. No meio do assunto, perguntei se ela mexia no *Corel*. Ao que ela me questionou o que era e disse que não usava computador. "Como assim, não usa computador? E os trabalhos escolares?" Após me olhar alguns instantes saiu-se com esta: "Pai, quem usa computador? Faço no meu celular, ele tem *Word*. Digito, encaminho via e-mail e imprimo na copiadora."

Essa é a geração *kkk*, ou seja, a geração da era do celular, que tem internet, TV, rádio, Netflix, Facebook, Instagram, Tinder e, no momento em que está lendo este livro, já há algo novo não mencionado aqui dada a velocidade com que as coisas acontecem. Ou seja, tudo acontece no celular.

Na comemoração do aniversário do meu primo e justo irmão, James, aconteceu algo bem interessante. Alguém, ao observar que as pessoas nas mesas estavam quietas mexendo nos celulares, começou a recolhê-los em um cesto de lixo. Perspicácia bem pertinente. Os amigos e parentes, todos conectados e nem aí para os companheiros de mesa.

Compulsoriamente, foram recolhidos todos os celulares das mesas, o que obrigou as pessoas a interagirem verbalmente.

O astral da festa mudou, impulsionado pelas brincadeiras originadas da atitude. Houve até quem apostasse que o valor total do cesto de lixo naquele momento deveria ultrapassar aos quinze mil reais. Com exceção das crianças que brincavam alegremente no pula-pula, os demais vivem plenamente a era do *kkk*.

Considerando que o Eltinho e a Docinho — apelidos carinhosos de quem gosta e é, ou era, próximo (já fui muito mais em outros tempos) —, potencializaram e valorizaram demais com os adjetivos atribuídos a mim, gosto mesmo de ajudar. Resumindo, eles exageraram, mas não inventaram (*kkk*). Gosto mesmo de compartilhar, conversar, de novas amizades e fazer de tudo para manter aquelas velhas que são boas, sinceras e saudáveis.

Voltando ao nosso tema principal, a partir da própria dificuldade na adolescência e juventude, e da aplicação de todas as técnicas sobre as quais falo, com ótimos resultados, preparei um curso para repassar os conhecimentos. Nas consultorias na área de Comunicação e Marketing, constatei que mesmo empresários de sucesso têm muitas dificuldades quando o assunto é falar em público, mesmo em reuniões com os funcionários.

Inicialmente, o curso era ministrado para públicos internos e, no início de 2005, disponibilizamos para todos os públicos por intermédio de parcerias com associações comerciais, câmaras municipais, prefeituras e outras instituições. Desde então, foram dezenas de turmas e palestras sobre o tema, com mais de dez mil pessoas que avaliaram as abordagens de forma positiva. Ao final, os alunos e participantes opinam anonimamente sobre o aproveitamento do conteúdo.

Por isso, fico à vontade para abordar o tema, já que de um completo "medroso" na pré-adolescência, eu me tornei radialista, professor e palestrante. Tive a oportunidade de falar em palcos para dez, trinta e até sessenta mil pessoas, várias vezes, e a emoção é indescritível. Você dominar a emoção e provocar reações na plateia de acordo com seus objetivos é algo muito interessante e citarei alguns exemplos mais adiante.

Há quem diga que é dom, o que acaba sendo remetido a algo divino, um presente, mas afirmo que é estudo contínuo e treinamento, muito treinamento. São quase trinta anos pesquisando esse fascinante tema com leituras e estudos. São mais de 25 anos trabalhando profissionalmente com comunicação, por isso me sinto até insultado quando alguém quer me elogiar dizendo que eu tenho o dom da oratória.

Antes eu tinha aquela sensação repentina de ameaça, falta de fôlego, náusea, palmas das mãos suadas, tremor na voz, como possivelmente você tem ou já teve alguma vez também. Para quem tem medo de falar em público, só imaginar o ato pode causar um frio na barriga. Vivi isso, e meu desempenho hoje é fruto de persistentes treinamentos, não dom.

A glossofobia, (nome esquisito, né?), fobia de falar em público, atinge grande parte das pessoas, por isso dedicaremos muitos parágrafos do livro, em diferentes momentos, em que abordaremos esse tema. O ideal é que você transforme essa ansiedade em algo benéfico e não em um obstáculo. Muitos artistas consagrados admitem que ainda sentem apreensão antes de apresentações.

Quem diria que a poderosa Fernanda Montenegro, um dos principais nomes da nossa dramaturgia, ainda tenha isso? Ou um dos melhores apresentadores de televisão como Celso Portiolli, que, para mim, ao lado de Rodrigo Faro, só perdem para o imortal Silvio Santos, ainda tem frio na barriga antes de entrar no ar? Confesso que eu mesmo tenho ansiedade antes de uma grande palestra. Sabendo disso, eu me preparo sempre da melhor forma.

Esse medo existe e aparece em diferentes níveis, e varia de intensidade de pessoa para pessoa, ou até a mesma pessoa pode ter essa sensação desagradável em um dia e em outro não, dependendo de vários fatores como: estado emocional, cansaço e falta de preparo. Seja para entrevista de emprego, palestra, aula, encontro ou no palco do teatro, se você se propõe a entregar o seu melhor, prepare-se. A boa notícia é que, seja para quem sofre com ela ou apenas para quem quer melhorar suas habilidades ao falar em público, há uma série de cursos, pesquisas e livros que tratam do assunto e podem ajudar.

O objetivo principal de qualquer livro ou curso de comunicação e expressão, oratória, expressão verbal, é facilitar ao máximo para quem vai falar profissionalmente ou quem precisa fazer apresentações esporádicas e encontra dificuldades em controlar a ansiedade. Ressalto que se este for o primeiro livro sobre o tema a que você tem acesso, depois busque outros: Reinaldo Polito e Dale Carnegie são autores para você começar. Algumas palavras aparecerão sempre em destaque e em muitos momentos, tanto no texto quanto na exposição verbal, dada a sua importância no processo de desenvolvimento dessa habilidade, que muitos chamam de arte de falar em público.

Dentre elas, destaco planejamento, preparação, organização, leitura, estratégia, *rapport*, que facilmente se justificam quando o assunto é comunicação em público. Mas nada é tão importante para o desenvolvimento quanto a própria prática. Mesmo com medo, vá. Precisaram de voluntário? Ofereça-se. Participe de grupos e encontros em que seja necessária a fala em público. Não depende de mais ninguém a não ser de você.

> "TÔ REVENDO MINHA VIDA, MINHA LUTA, MEUS VALORES. REFAZENDO MINHAS FORÇAS, MINHAS FONTES."
> Vander Lee

Mesmo sendo de fundamental importância, nem sempre o planejamento é suficiente, e é importante que você esteja preparado para o inusitado e o inesperado. Certa vez, eu estava contratado para apresentar o Rodeio Internacional de Divinópolis e o último show do evento, em um domingo, era da dupla Zezé di Camargo e Luciano, que estava no auge. Naquela época, a Rede Globo tinha um programa de nome *Amigos*. No programa, que foi exibido na década de 1990, além de Zezé e Luciano, participavam Chitãozinho e Xororó e Leandro e Leonardo.

Voltando ao Rodeio de Divinópolis, no domingo o público estava abaixo do esperado mas a dupla já se encontrava no camarim. Eu, fazendo meu papel, aquecia o público com brincadeiras descontraídas, quando fui chamado e o produtor dos dois, que era o mesmo do programa de TV, me pediu para anunciar que não aconteceria o show. Perguntei por que e ele simplesmente me ignorou, ao que fui questionar o então presidente do Sindicato Rural.

Ocorreu o seguinte: eles não se apresentavam para menos de quatro mil pessoas, e embora tivesse mais que isso no parque, não havia sido vendida essa quantidade de ingressos. Perguntei ao presidente se haveria devolução do dinheiro dos pagantes, ele disse que não. "Esse povo vai me matar aqui!", disse a ele. Ele disse: "Vá lá e avise."

E aí? Talvez tenha sido a tarefa mais difícil da minha vida de apresentador e comunicador. Procurei o chefe da segurança, pedi para que fizesse um cordão de isolamento na frente do palco, subisse comigo acompanhado de outros três homens dele para que eu desse a notícia. Tirando o fato de que jogaram latas, garrafas (naquela época vendiam cerveja em garrafas nos eventos), copos e pedras, até que fui bem.

Durante o dia, havia dado um chuvisco na cidade, e usei isso para passar o recado: "Pessoal, infelizmente a chuva de mais cedo danificou parte dos equipamentos da dupla Zezé Di Camargo e Luciano, e por isso o show não acontecerá hoje. Será remarcada a data e quem comprou o ingresso, guarde o canhoto, que o mesmo valerá como entrada. Muito obrigado!" Desci do palco escoltado pelos seguranças, sob vaias, protestos e muitos palavrões, e me levaram direto ao meu carro. Depois fiquei sabendo da confusão que aconteceu em seguida.

Esse foi um exemplo extremo do que pode acontecer quando você trabalha profissionalmente com comunicação. Antes de chegar a esse estágio, você já terá completo domínio das técnicas de comunicação que facilitarão, acredite, no caso de situações parecidas. Mas, sinceramente, não acredito que precise chegar a esse ponto, portanto, medo do público não se justifica.

Para contrapor esse exemplo tenso, cito também um de extrema "malandragem". Meu diretor Luiz Fernando me mandou, juntamente com outro locutor da rádio, Roney Lobato, para fazer cobertura de uma festa em que a emissora de rádio concorrente era a oficial, portanto nós não tínhamos acesso aos artistas. Até tentamos argumentar com ele, mas de nada adiantou, ele só disse: "Vão lá e entrevistem os caras. Se virem!"

Os artistas da noite nesse outro evento eram da banda É o Tchan, também no ápice. Foi logo no início do advento do celular, tijolão ainda. Não me chamem de velho, por favor. Roney e eu tivemos uma ideia inusitada e fomos para a prática, "se colar, colou". Peguei o celular, fingi que já estava ao vivo na rádio, invadi o camarim, entrevistei o segurança, inclusive, elogiando o trabalho, e entrevistamos a banda toda, sob os olhares furiosos dos locutores da rádio (concorrente) oficial.

Foi bem interessante! Entrevistamos os dois vocalistas, Beto Jamaica e Compadre Washington, e os dançarinos, inclusive a Sheila Carvalho (Comentário desnecessário: *nunca mais vi pernas como aquelas*) e Carla Perez, que nem subiu ao palco pois estava com o pé quebrado, portanto, teve mais tempo ainda para a entrevista. Nem sei o que ela fazia lá naquele estado. Parece-me que havia desavenças internas, e por contrato ela era obrigada a ir aos shows, mesmo debilitada.

E para tirar de vez a má impressão da experiência Zezé Di Camargo, em uma outra cidade, tempos depois, entrevistei os dois. Lembrei do episódio, eles contaram exemplos de outros lugares também, demos gargalhadas e o Luciano ainda se ofereceu para segurar o equipamento, que era um Mini Disc (quem é antigo em rádio se lembra), onde eu gravava vinhetas (aquelas gravações em que o artista fala "aqui é o fulano de tal, eu também estou na rádio tal… blablablá…". Naquele dia era só eu. Fiz a entrevista ao vivo e depois ainda gravei as tais vinhetas.

Sempre quis fugir de perguntas óbvias nessas entrevistas e, certa vez, eu como repórter, fui entrevistado pela TV em Belo Horizonte depois de ter perguntado a Cláudia Leite se era verdade que ela posaria para a *Playboy*, isso agachado na frente dela em um pré-show. Ela deu ótimas gargalhadas e depois passou a me entrevistar, diante de todos os meus colegas de rádios, jornais e TVs. Perguntou meu nome, onde eu trabalhava, de onde havia tirado aquilo, se eu gostaria de vê-la na tal revista… O negócio se transformou em comédia total para todos os presentes.

Essas experiências vividas fazem com que eu fale com prazer, com alegria e com emoção sobre o tema Comunicação em Público. Tenho a oportunidade de reviver alguns momentos importantes ao mesmo tempo em que associo esses fatos às teorias, que também são muito importantes. Mas repito: nada como a prática.

Nos tempos áureos da Festa Nacional da Cerveja, em Divinópolis, falei para mais de setenta mil pessoas, de acordo com a Polícia Militar, na região da Savassinha. Era impossível ver o final daquele "mar de gente" e a emoção era indescritível. Um palco de um lado e outro na outra ponta. Fazia a animação em um palco, apresentação de uma banda, e saía em disparada contornando aquela multidão por ruas alternativas para fazer o mesmo trabalho no palco da outra extremidade de vários quarteirões. Frio na barriga? Evidente que dava.

Interessante é que a sensação que eu tinha era que havia nascido para fazer aquilo, falar para as pessoas. Assisti a uma entrevista com o filósofo, Professor Doutor Clóvis de Barros Filho. Ele contava como havia se tornado professor e da emoção e do prazer na apresentação de um dos trabalhos de escola. "Eu só sabia que não queria sair de lá", dizia, referindo-se ao espaço que ocupava à frente durante a apresentação.

Voltando ao nosso tema, ouvi outro pensador, Mário Sérgio Cortella, contar em uma palestra no Anhembi, em São Paulo, que era extremamente tímido quando se mudou juntamente com a família de Londrina para a capital paulista. Certo dia, foi chamado para fazer uma leitura na missa, que era a primeira celebrada em português naquela igreja. Antigamente, as missas eram celebradas em latim. Ele conta que tremia como vara verde, mas ao final conseguiu. Disse ainda que na missa seguinte foi sentar-se na última fila para não ter que passar pela experiência novamente.

"Você aí no fundo, garoto, que leu na semana passada, pode vir novamente." Ele narra que não acreditou que o padre conseguiu enxergá-lo no fundo da igreja e desde aí não parou mais de falar em público. Sem dúvidas, o escritor é hoje um dos principais palestrantes do Brasil e tem uma grande desenvoltura nas apresentações que faz, conseguindo prender a atenção do público o tempo todo.

Cada profissional tem um jeito de fazer a exposição acerca do tema, por mais comum que seja o assunto. Por isso mesmo, sugiro aos meus alunos, clientes ou *coaches* que tenham experiências com outros profissionais da área, e sempre aprenderão algo novo. Considerando sempre também que esse processo de desenvolvimento deve ser contínuo e ininterrupto.

Nos treinamentos, hoje em dia, tenho utilizado, com expressivos resultados, as ferramentas de Coaching para o desenvolvimento dos clientes no aspecto da comunicação em público nas esferas esperadas. Acredito piamente no conceito *storytelling,* que é o poder das histórias, e na força da música no processo da quebra de paradigmas. Prova disso são as muitas citações de músicas no desenrolar dos textos.

Alguns temas serão abordados em muitos momentos, de maneiras diferentes justamente para que fiquem bem entendidos. Acredite, é necessário fundamentalmente querer praticar. O que consta aqui é um pouco de história e macetes, de maneira prática e objetiva. Agora entre. A plateia está esperando!

Qual a será sua primeira ação para melhorar sua condição atual?

_____

_____

_____

A oratória e a retórica

Precisamos pautar qualquer escrito pela teoria, segundo os preceitos do estudo científico. Por isso mesmo é necessário falar, pelo menos um pouco, da Grécia antiga e dos pensadores que lá viveram. Diferentemente das ciências atuais, oratória e retórica não são novos. Atenas representou o grande centro intelectual e artístico daquela época, tornando-se um polo de interesse cultural que atraía jovens de todos os lugares.

A intensa vida cultural oferecia oportunidades para aqueles que se interessavam nos estudos, como porta de entrada para uma carreira respeitável e projeção social. A sociedade da época valorizava a beleza física, enaltecendo os atletas, e se deixava conduzir, admirada, pela eloquência dos oradores. Naquela época, havia duas importantes correntes de pensamento que disputavam a preferência dos jovens, que pretendiam uma formação de estudos superiores com objetivo de se tornarem cidadãos atenienses e conquistar espaços elevados na vida pública.

Uma dessas duas correntes era representada pelos sofistas, que afirmavam uma forma de educação, cujo objetivo era desenvolver a virtude política, "aretê", isto é, capacitar o indivíduo para lidar com os assuntos pertinentes à cidade (pólis). Defendiam veementemente que só teriam êxito aqueles que fossem bons de retórica e que desenvolvessem a habilidade de defender com todos os artifícios, lícitos e ilícitos, as suas ideias, convencendo as pessoas que eles tinham razão.

Certamente já identificou essas características em profissionais contemporâneos, como advogados ou alguns políticos. Percebe como algo que já é estudado e praticado há mais de dois mil anos só pode ser importante? A oratória, antiga área do conhecimento, é tão importante quanto o marketing, com algumas décadas, e o caçula coaching, com alguns anos. A convergência do velho e do novo tem proporcionado resultados incríveis, tanto para aprendermos quanto para ensinarmos.

Com esse fim, era necessário ensinar a arte da oratória — emitir opiniões prováveis sobre coisas úteis. O destino da nascente democracia ateniense, em grande parte, dependia da atuação de oradores com domínio da arte da persuasão por meio da palavra trabalhada com brilhantismo e eficácia dos recursos retóricos. Esse desempenho tornava-se imprescindível para um papel relevante na cidade-Estado.

Por trás do mundo sensível, universo das palavras, que até aquele momento representava a arte do encantamento dos retóricos, a educação do indivíduo deveria conduzi-lo, na forma socrática, ao exame do significado das palavras. O caminho para esse método seria através da dialética, que permitiria o encontro de um significado, representando uma essência estável e perene.

> "INSANIDADE É CONTINUAR FAZENDO SEMPRE A MESMA COISA E ESPERAR RESULTADOS DIFERENTES."
> Albert Einstein

Desse modo, cada palavra teria um significado universal a determinar a razão de ser das coisas, padrões para a conduta humana e modelos para tudo o que existe no mundo físico (sensível). O platonismo apontava um ideal de linguagem constituída em função das "ideias", essas justas medidas de significação e de realidade. Essas premissas se constituíram nos pilares da Academia de Platão, marco do desenvolvimento de toda a cultura ocidental.

É nesse contexto que surge Aristóteles, nascido em Estagira no ano de 384 a.C., pertencente a uma família ligada por tradição à medicina e à casa real da Macedônia bem como de pura raiz jônica. A sua cidade natal ficava na Calcídica, território dependente da Macedônia, e ficava muito distante da cidade de Atenas. Contudo, a sua cidade natal, originariamente, era grega e a língua oficial, o grego. É possível afirmar que esses fatos, até certo ponto, marcaram as suas obras, decorrentes da dupla vinculação: à cultura helênica e à aventura política da Macedônia.

Os gregos eram uma raça tanto litigiosa quanto politicamente inteligente. É preciso lembrar que a filosofia grega nasce com os políticos. Os diferentes aspectos das ações de luta são, tradicionalmente, a estratégia, o disfarce, as diferentes modulações de força e velocidade, a rapidez na percepção e na análise das diversas situações, importantes nas discussões políticas.

A arte da oratória era um passaporte preponderante para influenciar os ouvintes, tal como é praticada por políticos nas atuais democracias modernas, quando a inteligência dos ouvintes desacelera motivada por uma impaciente curiosidade, causada pela "teoria" do orador que recebe dos ouvintes uma maior atenção.

Antes de Aristóteles, várias teorias foram escritas sobre "A Arte da Oratória". Contudo, segundo Aristóteles, quase todas as teorias negligenciaram o elemento argumentativo na oratória e deram mais importância para um assunto por demais complexo, tal como a produção de emoções nos ouvintes.

Ele mesmo reconhecia a importância da parte do apelo da emoção, mas insistia que a emoção deveria ser produzida pelo próprio discurso e não pelo modo sem valor de artifícios, comuns e negligentes, que eram usados nos tribunais de justiça gregos. O elemento de argumentação na oratória deve ser enfatizado, do início ao fim.

A Retórica é descrita como uma contraparte ou uma via da dialética. Sua conexão é muito mais com a dialética do que com a demonstração científica; como um homem simples que lida com assuntos, que não pressupõem de nenhum conhecimento científico particular, mas podem ser usados e compreendidos por qualquer homem inteligente.

Contextualizando e explicando, dialética é uma palavra com origem no termo em grego *dialektiké* e significa a arte do diálogo, a arte de debater, de persuadir ou raciocinar. É um debate em que há ideias diferentes, em que um posicionamento é defendido e contradito logo depois. Para os gregos, dialética era separar fatos, dividir as ideias para poder debatê-las com mais clareza.

A dialética também é uma maneira de filosofar, e seu conceito foi debatido ao longo de décadas por diversos filósofos, como Sócrates, Platão, Aristóteles, Hegel, Marx e outros. Dialética é o poder de argumentação. Consiste em uma forma de filosofar que pretende chegar à verdade por intermédio da contraposição e reconciliação de contradições. A dialética propõe um método de pensamento que é baseado nas contradições entre a unidade e a multiplicidade, o singular e o universal e o movimento da imobilidade.

A oratória, em princípio, como na dialética, pode discutir qualquer assunto. Porém, na prática, os assuntos, na sua maior parte, devem estar limitados acerca do qual os homens deliberam e, portanto, conectados com outra ciência além da lógica. É uma via da dialética e do estudo do caráter que propriamente se poderia denominar de "política", tomando a forma da primeira e o conteúdo do segundo.

A retórica é o poder de ver as possíveis maneiras de persuadir pessoas sobre qualquer assunto dado. É uma técnica, a qual devem estar adicionados artifícios na sua oração, pelos quais se induz os ouvintes a formar uma opinião favorável às suas afirmações. Isto consiste em influenciar as emoções dos ouvintes e daqueles que produzem provas ou suas aparências pela força sutil do "argumento".

Finalmente, a palavra de nome esquisito também tem origem no grego: glossofobia (glossa: língua; e fobia: medo). Considero essa a parte chata de um livro que se propõe a ser prático. Muito teórica, né!? Mas não há como entrarmos no tema sem um preâmbulo assim. Agora, se você gosta do conceito e da teoria, sobretudo de filosofia, o material é amplo, e já indico o Tratado da Retórica, de Aristóteles, e obras complementares ou originadas do mesmo, como uma fonte preciosíssima de informações e detalhes. Nos livros, quem gosta de filosofia passará por momentos de reflexão profunda e irá "saborear" cada um deles.

De que forma essa informação teórica será útil para você?

_____

_____

_____

_____

> O coaching

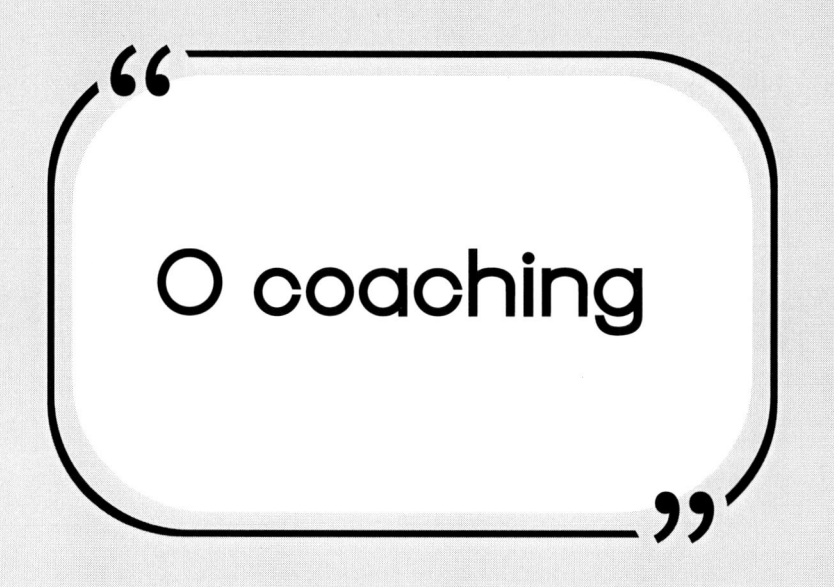

Atualmente, faço mentoria de alguns clientes, sendo que todos eles já estiveram comigo nas turmas dos cursos de comunicação e expressão. Participaram, gostaram do tema, e agora trabalham especificamente a aplicabilidade nos seus respectivos negócios e projetos, entendendo que não há magia em transformar planos em sucesso. Avalio e sugiro ferramentas e estratégias para que os projetos de comunicação sejam mais interessantes, atraentes e impactantes para os públicos deles.

Nisso, mudamos formatação, adicionamos *cases*, citações, vídeos, parábolas e ao afinal sempre avalio o desempenho com as alterações propostas. Sempre indico e demonstro a melhor forma de garantir que a apresentação seja de fato impactante e envolvente. Muito importante considerar que qualquer dificuldade do passado fique realmente no passado, que sirva de aprendizado e nada mais.

Como *coach*, tenho também clientes que fazem comigo sessões semanais, presenciais ou *online*, e ao final de cada uma delas saem com um plano de ação que deverão desenvolver daquele momento até o próximo encontro. Boa parte das sessões é tensa, pois é minha função fazer com que meu cliente seja confrontado com as próprias dificuldades, e, a partir daí, encontre a solução com ações práticas que dependam única e exclusivamente dele para que sejam convertidas em resultados.

Afinal de contas, qual a diferença entre as duas situações? Da resposta para essa pergunta explicarei o coaching, que tanta confusão gera na cabeça das pessoas, ao ponto de empresários comentarem com amigos e conhecidos, e até me indicam, para fazer coaching nas empresas de amigos, quando na verdade presto serviço de consultoria nas empresas deles, e eventualmente, como parte do desenvolvimento das lideranças, aplico sessões específicas de coaching.

Bom, parece confuso? Sim, parece por que é novo. Explico: como consultor, eu faço o diagnóstico dos problemas da empresa, incluindo pesquisas interna e externa, e transformo os resultados em um plano de ação que entrego ao diretor. Na maioria dos casos, continuo o trabalho com a implementação de todas as alterações sugeridas ou parte delas. Quando digo implementação, estou falando de passá-las aos responsáveis pelos setores e direcioná-los na execução do novo plano.

Nesse processo, é muito comum encontrarmos gerentes, supervisores e até diretores sem a devida preparação para fazerem as coisas acontecerem na empresa. Em razão disso, faz-se necessária a preparação dos profissionais para que desenvolvam as habilidades necessárias para o trabalho em questão. Só atuo na área de marketing, que é bem abrangente, por sinal, com foco na maioria das vezes em comunicação.

Voltando ao ponto, o coaching é um processo por meio do qual o cliente atingirá as suas metas, a partir das próprias atitudes e mudanças de comportamento. No coaching, a solução deve ser encontrada pela pessoa, cabendo ao coach somente apoiá-lo nesta busca. Na consultoria ou na mentoria, há uma intervenção direta do profissional mostrando o caminho, dando exemplos e ensinando como fazer.

O coach não opina, não dá dicas e não critica a meta de ninguém, por mais exótica que pareça. Já tive clientes que fizeram coaching para se separarem dos maridos e uma delas depois teve como meta viver sem a presença dele. Teve uma que queria aprender a viver bem sem o cachorrinho que perdera, outra que não tinha disciplina para tomar os medicamentos e um cliente que queria terminar um noivado pois estava com medo do casamento.

Não importa. A meta do cliente não é problema do coach. Não obstante, é problema do coach se ele não está seguindo o Plano de Ação que fez, de acordo com as condições e o tempo dele. Neste caso, vamos confrontá-lo com os fatores impeditivos e perguntar o que eles farão a respeito, já que na maioria das vezes ele se sabota e se vitimiza colocando a culpa em tudo e em todos por não ter conseguido.

"O profissional de coaching atua como um apoiador externo que desperta o potencial interno de outras pessoas, usando uma combinação de flexibilidade, insight, perseverança, estratégias, ferramentas pautadas em uma metodologia." Afirma o master coach Sulivan França. Há ainda confusão em relação aos nomes. Coaching é o nome da área do conhecimento. Assim como existe a psicologia, a medicina, a advocacia, dentre várias outras áreas, há o coaching. O profissional que atua nessa área é o coach e o cliente é o coachee.

Concluindo, o coach acompanha o coachee, demonstrando interesse genuíno (às vezes chamado de carisma) para apoiar os seus clientes de coaching a acessarem os seus recursos internos e externos e, com isso, melhorarem o desempenho pessoal ou profissional, de acordo com as metas estabelecidas. O coaching atua sobretudo suscitando o coachee a uma profunda reflexão que resultará em uma mudança de comportamento. Ele sairá da vitimização, aquela característica que muitos têm de atribuírem aos outros a razão por protelarem as decisões. Deixará de criar desculpas para não fazer o que precisa ser feito, para assumir a responsabilidade. O que acontece ou não comigo depende de mim, isso é protagonismo.

A partir do momento em que pessoa se torna protagonista, ela terá muito mais facilidade de sair do estado atual para alcançar o estado desejado, pois agirá a partir de um plano plausível que ela mesma fará. Plano de ação, é

> **VENHA, CHEGUE JUNTO, SOMOS FORTES PRA LUTAR E VENCER.**
> Tribalistas

disso que estou falando. O planejamento é fundamental para que as metas sejam atingidas. Nas sessões de coaching, o coachee vai confrontar, com apoio do coach, todos os seus medos e crenças limitantes para, de fato, realizar e fazer acontecer.

Ao me tornar life coach, inicialmente minha intenção era aplicar as técnicas para desenvolver as lideranças com as quais trabalhava nas empresas. Porém, ao estudar mais detidamente todo o conteúdo, percebi que poderia usar as ferramentas nos treinamentos de comunicação e expressão. Por serem reflexões novas sobre comportamento humano e técnicas comprovadamente eficazes, não tive dúvidas e percebi uma melhora considerável no desempenho dos meus alunos com o uso dessas técnicas, que aumentaram exponencialmente as possibilidades de comunicação eficaz, segura e convincente de todos que tiveram oportunidade de participar desses processos.

Sem dúvidas, o principal elemento impulsionador do processo foi a elaboração do plano de ação, com o viés do coaching, no final das aulas. Ao elaborar um factível plano de ação, inclusive com data, hora, como, o aluno assume um compromisso com ele mesmo de que aquela ação deverá ser feita, e havendo algum empecilho, ele terá que ter uma outra forma de concluí-la. Sendo o resultado muito além do esperado, hoje aplico o coaching naturalmente também nos meus processos de *mídia training,* que é uma forma de mentoria em comunicação, porém com clientes específicos, principalmente políticos e profissionais de comunicação.

O próprio coaching utiliza ferramentas e estratégias de outras áreas, de maneira bem assertiva. Talvez por isso, os resultados na comunicação e expressão sejam tão contundentes. A comunicação não encerra qualquer discussão, deixando sempre a possibilidade de continuação da conversa, ou até de uma outra discussão a respeito. Assim, converge facilmente com outras disciplinas, proporcionando resultados interessantes.

Mesmo sendo comum alimentarmos esperanças de revivermos bons momentos da nossa vida, que nos remetem claramente a uma "prisão" no passado, é fundamentalmente importante que vivamos intensamente

> **A NOSTALGIA É MUITO SEDUTORA.**
>
> O Professor –
> La casa de papel.

o presente, para que tenhamos um futuro interessante, e de acordo com nossa expectativa, pautada sempre por um bom plano de ação, seja com a participação de um consultor, mentor ou coach, seja sozinho.

Considerando suas metas atuais, você precisaria mais de um coach ou de um mentor? Por quê?

_____

_____

_____

_____

_____

> "A comunicação"

Andava por uma das farmácias da Rede Entrefarma, cliente minha, quando de repente ela olhou para mim. Um olhar puro e angelical, que eu correspondi de imediato. Era linda. Sorri para ela e ela sorriu também, gostou de mim. Fui me aproximando devagar, mantendo o olhar e o sorriso, e estendi os braços para ela. Não pensei que viesse, mesmo que estivesse sorrindo para mim e olhando fixamente. "Você é um palhaço, por isso atraente", escutei certa vez uma amiga candidata a namorada. Até hoje não sei se foi uma crítica ou um elogio. Ela veio para os meus braços, sim, estendeu os braços para mim também e deixou que eu a pegasse. Do colo da mãe, que devia ter uns trinta e poucos, para os meus braços.

Nada como o contato com as crianças para nos purificarmos e nos sentirmos bem. Acreditava que tivesse um ano de vida. A mãe confirmou que eram onze meses, quando perguntei. Quanta inocência e pureza, me senti reconfortado e grato, afinal de contas uma bebezinha confiou em mim e deixou que eu a pegasse, sem nunca ter me visto. Isso é comunicação, que começa pelo olhar, é facilitada pelo sorriso, desde que seja sincero, e a partir daí você vai em direção aos seus objetivos.

Comunicação deriva do latim *communicare*, que significa "tornar comum", "partilhar", "conferenciar". Partilhar sorriso sempre funciona, e quando recebe outro de volta, a sua comunicação está tendo resposta. A comunicação é uma via de mão dupla, e de fato só será comunicação se for entendida e houver uma reação em relação ao entendimento da mensagem.

A comunicação não é o que se emite ou demonstra, e sim tudo aquilo que o outro terá compreendido do que foi emitido, ou seja, quanto maior a compreensão do nosso propósito, mais eficaz será a comunicação estabelecida. Você já pensou nisso? Perceba que não mencionei a palavra falar, pois a comunicação pode acontecer de diversas formas, símbolos, sons, gestos e escritas, por exemplo. Comunicar é a capacidade que o ser humano tem de interagir com o outro por meio de expressões, verbais ou não verbais.

O perfeito entendimento consiste na emissão, transmissão e recepção de uma mensagem por métodos convencionais ou não. Isso significa que podemos usar de fala, escrita, sinais, signos ou símbolos, como mencionei anteriormente. Isso é linguagem. A verbal ocorre quando utilizamos a palavra, mesmo que seja escrita. A linguagem verbal é encontrada na forma de comunicação rotineira entre as pessoas, em leituras de jornais, revistas e artigos diversos; e em discursos ou palestras, ou em qualquer conversação. Quando olhei e comecei a sorrir para a bebezinha, estava usando linguagem não verbal, que ela retribuiu da mesma forma. Nesse tipo de comunicação, utilizamos um código de linguagem, com movimentos faciais e corporais, os quais indicam a intenção comunicativa. Ocorre quando dizemos que "os olhos falam", os gestos denunciam e determinados movimentos comunicam. Quando estendi os braços e ela estendeu os dela a mim, e a mãe viu e permitiu que eu a pegasse, concluímos o processo.

> **"LIVRE PRA PODER SORRIR, SIM. LIVRE PRA PODER BUSCAR O MEU LUGAR AO SOL."**
> Charlie Brown

Mas enquanto comunicadores eloquentes e envolventes que precisamos ser, especialmente em apresentações, usaremos de uma linguagem mista, a voz, a audição, a visão e o movimento para atingirmos nosso objetivo. É o caso também do teatro, da televisão e do cinema. Para que a comunicação se concretize, tenhamos resultados satisfatórios, é preciso que saibamos falar, ler, ouvir, ver e sentir. Assim aprenderemos a compreender e, sobretudo, a nos colocar no lugar outro, *rapport*. Portanto, não importa o que você expressa, e sim o que o outro entende. Comunicar-se, antes de qualquer coisa, é fazer-se entender.

Fã incondicional da cantora Sandra de Sá, fui surpreendido com a notícia de que ela faria um show em Aracaju, onde eu estava, naquela noite. Evidente que fiquei entusiasmado, e imediatamente minha namorada também ficou, mesmo não conhecendo muito o trabalho da artista. "Nós vamos!", disse ela. "Nós vamos!", disse eu. Não só fomos como participamos ativamente cantando e dançando, muito mais eu do que ela (*kkk*) e foi um daqueles momentos inesquecíveis.

O show por si só já seria interessante para mim, já que gosto. E se tornou mais especial ainda pelo fato de ser aniversário da cantora, e por ela ter descido do palco para ser abraçada pelas pessoas. Mesmo com o habitual tumulto e os seguranças em volta, fui um dos que a abracei enquanto a "patroa" tirava as fotos, atenta.

Comunicar é amar o que faz, é interagir plenamente com os interlocutores. O que a artista fez foi interação total, movida pela sinergia do momento, pela intensidade e emoção.

Houve um intenso *rapport*. Mais à frente falaremos mais disso. E criou-se uma egrégora indescritível no espaço de eventos do Projeto Tamar. Ela agiu de forma natural e espontânea.

Para ser entendido, nada melhor que a naturalidade. Para o empreendedor Peter Sims, falar sobre coisas em que você acredita também é um ponto muito importante. Saber muito bem o que você quer dizer e conhecer seu público são, em sua opinião, o que há de mais importante.

"Conforme o público compreendeu que eu estava apenas sendo eu mesmo e tentando compartilhar e ensinar, com todas as minhas peculiaridades, eles pararam de me analisar e me julgar e simplesmente aproveitaram o momento", escreveu Peter à *Harvard Business Review* sobre uma apresentação que realizou.

Disse também o seguinte: "Pelo menos foi isso que senti, notando como a energia da plateia parecia mudar no primeiro quarto ou terço de um evento." Passado o período inicial da apresentação, as coisas se ajustam e a plateia já saberá a que você veio. Se prender a atenção, excelente. Se houver muitos conversando, saindo para fazer sabe-se lá o quê ou olhando para o celular e digitando *kkk* para os interlocutores virtuais que estarão mais interessantes que você, já está na hora de fazer alguma coisa: uma dinâmica, perguntas para os que estão distraídos ou uma história engraçada é algo indicado.

O escritor complementa dizendo que quando ele pode ser ele mesmo, a plateia pode ser ela mesma, e essa experiência humana destranca e empodera (palavra da moda) a criatividade. Isso é empatia, é sinergia e é *rapport*. Irá ocorrer se você se preparar muito para a apresentação, estudar previamente o perfil dos expectadores e ser espontâneo na sua fala.

Como mencionei, de acordo com os conceitos do coaching, a solução está em você. Ao responder o questionário a seguir, poderá identificar até que ponto esta leitura será importante e de que forma irá impactar na sua vida de agora em diante, considerando sobretudo os aspectos da comunicação e expressão. Considere também que estamos em constante evolução quando o assunto é comunicação. Fácil comprovar a afirmativa: quando nascemos, não falamos nada, a única forma de comunicação efetiva de um bebê é o choro, que pode significar entre outras coisas fome e sono.

Serão apenas dez perguntas que você responderá objetivamente para se posicionar em relação aos temas aqui propostos.

1. A dificuldade de comunicação e expressão já criou alguma dificuldade no seu trabalho atual ou no anterior?
( ) Sim   ( ) Não

2. Normalmente, as pessoas pedem para você repetir o que disse falando mais alto?
( ) Sim   ( ) Não

3. Sua forma de se comunicar é afetada quando fala para mais pessoas de uma vez?
( ) Sim   ( ) Não

4. Sua mensagem fica comprometida quando você precisa se comunicar em pé?
( ) Sim   ( ) Não

5. Quando a família está toda reunida, você tem problema ao falar com todos de uma vez?
( ) Sim   ( ) Não

6. Você já perdeu a oportunidade de conhecer uma pessoa interessante por timidez?
( ) Sim   ( ) Não

7. Quando conversa com alguém com quem não tem intimidade, você baixa o tom de voz?
( ) Sim   ( ) Não

8. Ao conversar com as pessoas, você tem dificuldade de olhá-las nos olhos?
( ) Sim   ( ) Não

9. Já perdeu boas oportunidades pelo fato de precisar se comunicar em público na nova situação?
( ) Sim   ( ) Não

10. Algum colega seu já levou crédito por uma ideia ou ação sua pelo fato de você não ter tido a coragem de falar?
( ) Sim   ( ) Não

De forma bem clara, se você respondeu não nas dez questões, pode ler um ou outro capítulo e doar este livro a alguém conhecido que fará melhor uso. Se respondeu sim pelo menos três vezes, sugiro que leia com muita atenção. Agora, se houve sim para cinco ou mais perguntas, considere este livro um objeto de cabeceira e siga criteriosamente tudo o que está escrito. O que é interessante é que o sim para as questões acima, em médio prazo, irá se transformar em sim para o sucesso na comunicação, acredite.

E agora, o que fará em relação a sua comunicação após analisar suas respostas?

_____

_____

_____

_____

"O medo da plateia"

Segundo estudos realizados por psicólogos americanos, "a dificuldade de falar em público é decorrente da insegurança. As pessoas têm medo de serem rejeitadas, de cometerem erros diante dos outros". A sensação é de desconforto, pois ficam mais expostas. Muitos profissionais expressam-se com facilidade se estiverem sentados. As ideias fluem com clareza e são emitidas com eloquência e de maneira concatenada, mas diante da necessidade de falar em pé a mensagem fica comprometida.

No jargão da comunicação, essa insegurança é chamada de "trac". Pernas tremendo, frio na barriga, mãos suando são decorrentes do "trac". Reações absolutamente normais da mente e, por conseguinte, do corpo diante de algo desconhecido. Muitas vezes, a pessoa tem facilidade em falar mas não domina as técnicas, o que também é um problema.

"Passei a vida inteira com medo, medo das coisas que poderiam acontecer e das que poderiam não acontecer. O que eu descobri foi que o medo, essa é a pior parte. Esse é o verdadeiro inimigo." É exatamente esse inimigo, citado por Walter White, em *Breaking Bad*, que se apresenta sempre junto com as coisas novas, o elemento a ser controlado ou derrotado.

Esse medo, chamado de glossofobia, atrapalha a vida de muita gente. Palestras, apresentações e reuniões de trabalho se transformam em momentos de angústia, a ponto de profissionais enjeitarem promoções nos empregos para não terem que enfrentar um grupo de pessoas à frente nas reuniões. A glossofobia não é incomum. Grande parte das pessoas sofre com ela no mundo todo. Aquela travada antes ou durante a apresentação em uma sala é muito mais comum do que imagina.

Por ser um assunto que compromete bastante a vida das pessoas nos aspectos pessoais e profissionais, são muitos os especialistas que estudam o tema e buscam soluções a partir de estudos da mente e do corpo, e tentam decifrar a origem e o tratamento para essa situação. Um grupo de fisioterapeutas indianos encontrou, por exemplo, uma relação entre a quantidade de atividade física realizada por voluntários e uma associação positiva em relação às apresentações em público. Mais adiante, comentaremos o estudo.

De acordo com pesquisadores paquistaneses em estudo publicado no *International Journal of Research*, quem tem esse medo pode apresentar outros sintomas, além do bloqueio psicológico, sendo físicos, verbais e não verbais.

Sintomas físicos:
- Boca seca
- Aumento da pressão arterial
- Vermelhidão do rosto
- Excesso de transpiração
- Respiração assimétrica
- Voz fraca e muito baixa
- Agitação e gesticulação exagerada
- Tremedeira no corpo, principalmente nas mãos e nos lábios
- Rigidez no corpo, ficando estático

Sintomas emocionais
- Medo de se perder
- Preocupação e ansiedade
- Desorganização mental
- Medo de julgamentos

A origem do medo de falar em público, segundo o psicólogo e especialista em terapia comportamental Nicodemos Borges, doutor em Psicologia, pode estar relacionada a uma ou mais experiências de vida da pessoa. "Pode ter a ver com a história que ela construiu na vida dela e como ela entende que as pessoas vão ouvir o que ela tem a dizer", comenta. "Tem a ver com a preocupação que essa pessoa tem em relação à opinião alheia", define.

Traumas na infância também podem influenciar no medo de falar em público. "Se a criança ouviu muitos comandos como 'tome cuidado com o que você fala' ou 'não faça desfeita na frente dos outros', pode afetar, mas não necessariamente", comenta o especialista. O grau e o desenvolvimento deste medo vão depender, portanto, da conjuntura em que esse indivíduo se desenvolveu.

É importante destacar que nem sempre uma criança introvertida terá dificuldade de falar na frente de uma plateia futuramente. O mesmo raciocínio vale para uma criança extrovertida; ela pode ou poderá ter dificuldades de dizer o que precisa para um grande público. *"Não é a mesma coisa. Alguém pode se sentir seguro falando pra um grande grupo, mas de amigos. Muita gente não se sente segura com uma audiência que não conhece"*, diz Nicodemos.

Em busca de respostas para o alcance deste medo de falar em público, fisioterapeutas resolveram avaliar características pessoais de um grupo de cem voluntários do KG College of Health Science, em Coimbatore, na Índia. Eles relacionaram a quantidade de exercício físico que os participantes faziam e a ansiedade que demonstravam ao falar em palestras e apresentações.

O resultado encontrado pelos pesquisadores foi de que os voluntários que praticavam mais atividade física (o que foi classificado pelos próprios participantes) tinham "melhor autoestima e percepção física", o que, entre outros fatores, reduz o efeito negativo da ansiedade e promove a integração social e o desenvolvimento com os colegas. A pesquisa foi publicada no *International Journal of Pharmaceutical Science and Health Care*.

É compreensível que quem tenha medo ou vergonha de falar na frente de outras pessoas faça de tudo para fugir dessas situações, porém existem momentos em que não dá para correr, como nas apresentações de trabalhos, seminários e TCC, tão comuns em escolas e na faculdade. Mesmo quem já está no mercado de trabalho sempre está propenso a ter que mostrar os seus projetos para outras pessoas. Por essa razão, nenhum de nós está livre de falar em público. Fugir com certeza não é uma opção. Esse problema é resolvido com a prática.

Há um ditado sobre o navio estar em perfeita segurança quando está no porto, parado, quieto, apenas sentindo o leve movimento das águas em contato com o casco inerte. A mesma reflexão pergunta: Para que o navio foi construído? Certamente não foi para ficar parado no porto. Nós também somos assim, precisamos buscar oportunidades e vencer nossos medos e dificuldades, não nascemos para ficarmos parados.

Precisamos romper as barreiras para atingirmos o Oceano Azul, que são todas as oportunidades que estarão à sua disposição ao enfrentar os seus medos. Os autores W. Chan Kim e Renée Mauborgne dizem mais em *A estratégia do oceano azul*: "A estratégia sempre envolverá oportunidades e riscos." Lógico que tem riscos, obstáculos, algo que não dará certo. É importante que enfrente, e se errar não tem problema, faça de novo até acertar.

Todos os vencedores erraram muito antes de acertar. Se tivessem ficado com medo e não arriscassem mais uma vez, não teriam obtido sucesso. O ex-jogador de basquete, agora escritor e palestrante, Michael Jordan disse: "Eu errei mais de nove mil arremessos na minha carreira. Perdi quase trezentos jogos. Em 26 oportunidades, confiaram em mim para fazer o arremesso da vitória e eu errei. Eu falhei muitas e muitas vezes na minha vida. E é por isso que tenho sucesso."

> "BASTA SER SINCERO E DESEJAR PROFUNDO, VOCÊ SERÁ CAPAZ DE SACUDIR O MUNDO, VAI, TENTE OUTRA VEZ."
> Raul Seixas

Não é de hoje que professores de oratória ensinam técnicas para uma comunicação fluente. Antes de Cristo, o filósofo Sócrates já dividia seus conhecimentos e compartilhava a facilidade que tinha. Na mesma época, os sofistas também davam aulas de retórica. No início do século 20, Dale Carnegie estudou profundamente o tema e mesmo após sua morte os Institutos que levam o nome dele funcionam no mundo inteiro.

Evidente que nossa pauta aqui é comunicação em público, mas digo sempre que o medo e a ansiedade que sentimos não são em relação, somente, ao falar em público. Temos uma tendência natural a criar bloqueios em relação a tudo o que representa mudança de comportamento, de postura ou de posicionamento físico ou mental. Saiu do que estamos habituados, pronto, já vêm ansiedade e temor.

Você se lembra da primeira vez que se sentou no banco do motorista para dirigir um carro, ou do primeiro dia de aula, sei que lembra. Lembra do dia do casamento ou da formatura? Dos primeiros encontros com aquela pessoa especial? O frio na barriga sempre estava lá. A preocupação com a troca de empresa e como seria recebido pela nova equipe, absolutamente natural.

O falar em público é a mesma coisa. Após fazer isso várias vezes, a apreensão vai diminuir e poderá até passar por completo. Isso acontece, pois, seu corpo e mente sentirão a segurança de quem já domina aquele espaço, tema ou público. Seguramente, a dificuldade é superada com a repetição da ação, o que não significa que deva "meter a cara" de qualquer maneira em uma aventura desvairada rumo ao desconhecido.

O medo do não controlável, do que surpreende, que chega sem ser convidado ou aparece de onde não se espera, o medo do novo e do desconhecido é uma das grandes dificuldades humanas, e como eu disse, normal. A possibilidade do novo costuma acionar alarmes, provoca angústia, tira o prumo. O contato do desconhecido desperta muitas vezes a sensação de estar pressionado sem saber direito de onde vem essa pressão.

Na verdade, tudo o que queremos é aceitação, e para sermos aceitos precisamos acertar, fazermos da maneira ideal, e quando não dominamos algo, evidente que não temos a garantia de que vai dar certo. Fato é que essa garantia não existe nem quando temos prática, mas temos a sensação de que tudo dará certo quando nos é familiar.

"Quando refletimos calmamente, a gente sabe bem de onde vem o medo, vem de dentro para fora", afirma a master coach Juliana Garcia. Vem dos nossos arquivos internos que acabam por acionar o padrão do medo a qualquer pequeno sinal de algo que possa retirar o pleno controle de nossas mãos. Nós e o péssimo hábito de acharmos que podemos controlar tudo. Alguns são piores. Eu, por exemplo.

Essas pastinhas internas contêm os gatilhos que acionam o medo através de muitas cenas, histórias, aprendizados, apreensões, que relegamos aos cantos escondidos em algum lugar. Quando encontra espaço em nossa distração, esse conteúdo vem à tona. E como estamos de guarda baixa, acabam por tomar conta de nós e de nossas ações. Isso é péssimo, pois não se justificam em grande parte dos casos.

"Por mais irracionais que sejam, nossos medos assumem o controle. Já que nos sentimos tão perdidos naquele instante, entregamos o leme ao primeiro que chega", conclui Juliana. Se parar para refletir, saberá claramente quais são os gatilhos mentais que despertam esse medo em você. Se for difícil refletir sozinho, já que o medo pode confundir e embaçar sua visão, procure ajuda adequada. A força desses bloqueios internos está no fato de serem inacessíveis em um primeiro momento.

O desconhecido chega e se apresenta, mas o que ele trará para nossa vida depende muito da recepção que lhe oferecemos. Ele vem daquela curva da estrada que não sabemos aonde vai dar. Ao vermos sua silhueta, o coração dispara e nesse exato instante podemos ainda escolher que tom terão as batidas: expectativa, raiva, pavor, alegria, curiosidade... Relembro os exemplos das situações novas mencionadas acima como desconhecido: carro, casamento, emprego, ou até um boi bravo, como escreveu Daniel Bicalho e cito abaixa. Muitas vezes, esse medo vem de nossos pais e é repassado para nós através da criação.

"Pai, o que você faria se aparecesse aqui um boi muito bravo?" "Eu subiria numa árvore", de pronto respondeu o pai. "Eu não", respondeu o menino. "Eu enfrentaria o boi com uma espada de raio laser, até ele fugir assustado." Mesmo que tenhamos que ter todos os cuidados e precauções em todas as situações, devemos enfrentar nossos medos, somente assim os superaremos. A preocupação natural dos pais em querer proteger os filhos, mesmo que justificáveis, podem criar bloqueios para a vida toda. A reação do filho na história do Bicalho mostra que a coragem é inata. Portanto, os medos vêm depois.

O medo se mistura e é confundido com estresse, que acontece devido, dentre outros fatores, à falta de preparação, ou falta de dar a devida importância para a apresentação, talvez por pensar que teria todo o tempo do mundo antes de o momento chegar, mas enfim ele chegou e lá está você, tenso, ansioso e estressado.

Há infinitas maneiras de se estressar, já sabe, não é? Especialmente quando já existe uma predisposição para procurar fatores estressantes, como os mencionados no parágrafo anterior. Também há infinitas maneiras de reduzir esses fatores, como chegar cedo ao local para não se preocupar com o horário, andar pela sala para se acostumar com ela, praticar exercícios físicos no dia ou conversar com membros da plateia antes da fala já vai quebrando o gelo.

É comum no início das apresentações o orador já usar uma conversa preliminar que teve com alguém que chegou mais cedo. Eu faço muito isso. Transformar estranhos em amigos pode render bons frutos caso você erre, já que encontrar um rosto solidário é uma maneira de se tranquilizar no ambiente e voltar ao foco. E ser um rosto solidário, sorrindo ou aplaudindo o palestrante, é uma ótima gentileza, caso esteja do outro lado.

Sim, podemos escolher como reagir às novidades que chegam, mesmo que muitas vezes não possamos escolher a hora de suas chegadas. As sementes surpresas que o viajante chamado destino traz é que dão o tom a nossa vida, que trazem o colorido ao germinarem. Traz o inesperado e o ingrediente essencial para os próximos passos a serem dados, a motivação. Não interprete destino aqui como acaso. Mesmo gostando de usar figuras de linguagem, acredito piamente em oportunidades criadas com planos de ação, e deixo isso bem claro no meu livro *Onde você está? O mercado quer te encontrar*.

Sem o elemento da novidade, não haveria caminhada, nem arte, nem projeto, nem construção. Sem o elemento do desconhecido, não haveria construção de conhecimento, nem progresso, nem crescimento e nem mudança, sempre necessária nos nossos planos de ação, tão determinantes nas buscas pelas metas.

Acredite, sempre há mudança. A leitura das primeiras páginas deste livro já está movimentando "sua cachola" aí, tenho certeza. A água que corre no rio é do mesmo rio, mas já não é mais a mesma água. Somos seres constituídos pela mudança e precisamos aceitar a correnteza da água da vida, nadando ao seu favor ou contra, dependendo do caso, mas o novo nos faz seguir adiante.

Não pense que será fácil, ou mágico. Será difícil e trabalhoso, pois vai precisar estudar, treinar, observar muitas pessoas e fazer várias vezes até ficar satisfeito com os seus resultados. Vou citar agora um exemplo de fracassado: ele faliu aos 31 anos de idade, foi derrotado numa eleição para o legislativo aos 32 anos, faliu de novo em outro negócio aos 34 anos, aos 35 perdeu a namorada, teve um colapso nervoso aos 36, perdeu nova eleição aos 37, outra aos 43, 46 e 48 anos. Se você pensa que ele se cansou de ser derrotado, não. Perdeu a disputa para o senado aos 55, aí acabou, certo?

Agora vou falar de alguém bem-sucedido: eleito presidente dos Estados Unidos aos 60 anos de idade, um dos homens mais poderosos do mundo. Este citado agora é exatamente o do parágrafo anterior, Abraham Lincoln. Depois de várias tentativas e inúmeras dificuldades superadas, chegou a um objetivo maior. O mais interessante é que os adversários não aceitavam perder para alguém que eles consideravam fracassado de natureza. "Antes de o senhor começar, eu gostaria de lembrá-lo de que o senhor é filho de um sapateiro", disse um adversário dele, antes do primeiro discurso após a eleição. A frase tirou risos da maioria imediatamente.

Qual o objetivo da capciosa frase? Humilhá-lo, já que derrotá-lo não havia sido possível. Com a tranquilidade de quem já estava calejado e havia aprendido muito com os erros, Lincoln sorriu e, com a voz pausada e a segurança de um vencedor, mas sem jamais esquecer sua origem, respondeu: "Obrigado por lembrar-me de meu pai neste momento. Eu procurarei ser um presidente tão bom quanto o sapateiro que ele foi. Eu me lembro de que meu pai sempre fez os sapatos de sua família. Se os seus sapatos apresentarem algum problema, você pode trazê-los e eu os consertarei. Desde cedo, aprendi a consertar sapatos e agora que meu pai está morto posso cuidar dos seus. Aliás, se algum de vocês tiver um sapato feito pelo meu pai que esteja precisando de conserto, pode trazer para mim. Mas de uma coisa estejam certos: eu não sou tão bom quanto ele." Evidente que os olhos dele e de muitos encheram-se de lágrimas e os que riram se viram obrigados a aplaudi-lo.

Depois que Thomas Edison tentou, 9.999 vezes, aperfeiçoar a lâmpada elétrica, sem sucesso, alguém perguntou: "Você vai inteirar os dez mil fracassos?" Ele respondeu: "Eu não fracassei. Apenas descobri várias maneiras de não fazer e portanto não as repetirei." Isso significa que todo processo é demorado, pode ser lento e exigirá repetições até que o objetivo seja atingido. Quer ter sucesso

> "QUANDO TUDO ESTÁ PERDIDO SEMPRE EXISTE UM CAMINHO, QUANDO TUDO ESTÁ PERDIDO SEMPRE EXISTE UMA LUZ."
> Legião Urbana

nas apresentações? Saiba que terá que trabalhar muito, mas que existem técnicas.

Para que isso aconteça, deixe o que passou para trás. O que o impede de se libertar das amarras que fazem com que você anseie ficar na falsa proteção do passado? Acorde, filhão, pois não há segurança em não seguir o ritmo natural da vida. O passado ficou, e naturalmente não é permitido a você ficar com ele. É preciso entregar-se ao presente plenamente, sem medo e sem necessidade de controle. Disso depende o futuro. Só assim conseguirá atingir as suas metas.

> "RENDA-SE, COMO EU ME RENDI. MERGULHE NO QUE VOCÊ NÃO CONHECE COMO EU MERGULHEI. NÃO SE PREOCUPE EM ENTENDER, VIVER ULTRAPASSA QUALQUER ENTENDIMENTO."
> **Clarice Lispector**

Por que você tem medo de se expressar em público? Tem medo alguma outra coisa?

_____

_____

_____

"A fala"

Falar é fácil, difícil é fazer! Quem nunca ouviu essa frase? Mas será que falar é realmente fácil? Para começo de conversa, falamos com a boca, que por sua vez é composta por: lábios, língua, dentes, palato ou céu da boca, paredes internas das bochechas. É muita peça para funcionar, ufa! E tudo deve estar em harmonia, como o motor de um carro. Se uma das peças falhar, vai comprometer o desempenho de todas as outras. Imagine se é possível fazer um discurso eloquente com dor dente ou com uma afta na ponta da língua.

Assim funciona nosso corpo e, neste caso mais especificamente, a boca, responsável pela articulação de vogais e consoantes. O som puro não quer dizer nada, ele só passa a ter significado quando lhe damos forma. As vogais são formadas a partir da abertura de mandíbula e lábios, da posição da língua, enfim, da concatenação de todos os órgãos fonoarticulatórios, portanto, falar não é fácil, emitir sons aleatórios, sim. Aliás, falar também o é, mas não podemos dizer o mesmo de comunicar.

Você já parou para pensar em como está falando? Já reparou que para cada vogal a língua se posiciona mais para frente, para trás, para cima ou para baixo e os lábios, junto com a mandíbula, têm aberturas diferentes? Se não fosse assim, provavelmente emitir um "a" ou "e" daria no mesmo. Repare em como funcionam lábios, língua e dentes no processo da emissão dos sons.

Por exemplo, para emitir o fonema "p" é preciso que haja um contato bilabial e uma pressão interna, já o fonema "f" necessita do contato dos dentes superiores com os lábios inferiores. Havia reparado nisso? Faça o teste emitindo esses sons. Para o fonema "r" trinado, com aquela "tremidinha" das palavras "prato" ou "treino", por exemplo, a ponta da língua deve vibrar e tocar atrás dos dentes superiores. Experimente brincar com as formas das vogais e os pontos articulatórios das consoantes e descubra como fazemos uma verdadeira ginástica para pronunciarmos bem as palavras.

Agora é importante saber que todas as peças dessa "máquina" precisam estar integradas. A língua, os lábios e as bochechas são formados por músculos que devem estar com o tônus e a mobilidade adequados. Os dentes também devem estar em harmonia, enfim todos precisam agir juntos para favorecer uma boa articulação. A comunicação eloquente começa com a articulação eficaz das palavras, ou seja, uma boa dicção.

> **"POR MAIS QUE EU PENSE, QUE EU SINTA, QUE EU FALE TEM SEMPRE ALGUMA COISA POR DIZER."**
> **Paralamas do Sucesso**

Sobre a dicção, pronuncie bem todas as sílabas, especialmente as finais. Faça um treinamento de respiração diário enchendo bem os pulmões, coloque uma caneta ou uma rolha na boca e faça leituras em voz alta dessa forma. Existem muitos trava-línguas, facilmente encontrados na internet, que podem ser exercícios importantes também neste processo.

É muito comum as pessoas "engolirem" os *esses* dos plurais ou até sílabas inteiras de algumas palavras. Pronuncie claramente. Faça um plano de ação com treinamentos diários de pronúncias e dicção. Mesmo que sejam apenas alguns minutos do seu dia, o importante é a constância, a repetição.

Em relação à voz, nada melhor que treinamento para conhecer melhor a sua. Sem essa de que "a minha voz é feia" e que "não consigo". Comece imitando pessoas que têm uma voz que você ache bonita. Grave suas imitações. Depois faça leituras com uma voz parecida com a das pessoas que você estava imitando. Antes e durante minha carreira de radialista, fiz alguns cursos com foco na voz, e todos reforçavam a necessidade de exercícios com gravações, para os quais a respiração era preponderante.

"Como uma ex-cantora de ópera", afirma Allison Shapira, professora de Harvard, "eu sei o quanto a respiração afeta o modo como nossa voz soa. Cantores usam a 'respiração profunda' para projetar uma voz forte através de um auditório lotado e fazê-la chegar a cada pessoa na plateia. Eu nunca pensei que esta habilidade poderia me ajudar depois de ter deixado o mundo da ópera, até o momento em que tive que fazer o meu primeiro discurso".

Não tenha vergonha. O advento dos smartphones facilitou muito nesse sentido. Grave, ouça, corrija. Imite, grave, corrija. Simule, grave corrija. É exatamente assim, repita muitas vezes até se acostumar com sua voz e todas as possibilidades que ela oferece. Fará descobertas incríveis. Treine criando vozes diferentes: de personagem de desenhos, filmes, novelas, seriados, amigos. Pratique.

No filme *Bird Box*, estrelado por Sandra Bullock, as personagens principais passam quase todo o filme com os olhos vendados, e só se salvam quando chegam a uma colônia para deficientes visuais que não eram afetados pelo vírus que levava as pessoas à loucura, e por conseguinte ao suicídio. Sem poder ver, a orientação era somente pelos sons.

Para saber se sua voz está passando a emoção necessária, grave, depois ouça de olhos fechados. Procure identificar emoções diferentes na sua voz. Se está satisfeito, a próxima etapa é convidar uma pessoa e submetê-la à mesma experiência. Atenção, só chame alguém quando já estiver convicto de que está usando todos os recursos vocais de que você dispõe.

Além da qualidade do som que emite pela sua expressão verbal, importante considerar também o conteúdo. Jamais use palavras que não sabe o significado. Não sabe? Procure saber ou não use. Nem fale sobre assuntos que conhece superficialmente. Ainda existem os dialetos e expressões regionais. Algumas não temos a mínima noção de onde vieram, ainda assim usamos.

Ontem mesmo ouvi do alto do meu apartamento a vizinha mandar as galinhas dela irem para o quinto dos infernos só por que os galináceos haviam invadido a horta e feito um consumo desautorizado. Ela não fazia ideia de onde vem o "tal quinto dos infernos". Na época do Brasil Colônia, os portugueses "mordiam" o equivalente a um quinto de tudo o que era produzido pelos colonizados.

Quem era cobrado não ficava nada satisfeito. Na verdade, muitos ficavam enfurecidos e mandavam os cobradores irem cobrar o quinto nos infernos. Se fosse hoje, contextualizando a quantidade de impostos que pagamos, a expressão atualizada seria quarto dos infernos, terço dos infernos ou até metade dos infernos.

Portanto, para não correr o risco de dizer algo que deprecie, ou que originalmente tenha outro significado, procure saber sobre a origem dessas expressões. Em relação às galinhas, provavelmente estavam de fato buscando o quinto que elas achavam ter direito assim como os famigerados portugueses em tempos de outrora.

Atuei como comunicador de vários programas para públicos diferentes, o que exigia inflexões vocais diferentes. Só consegui isso com muito treinamento. Em quase vinte anos atuando como radialista, fiz de programa jornalístico a comédia, sempre explorando nuances diferentes da minha voz. Exercite, e ficará surpreso com os resultados, e isso poderá e deverá ser usado por você posteriormente, de alguma forma, nas apresentações em público.

O que você pode melhorar, de forma bem específica, na sua fala?

_____

_____

_____

PERSUA10
As dez dicas poderosas

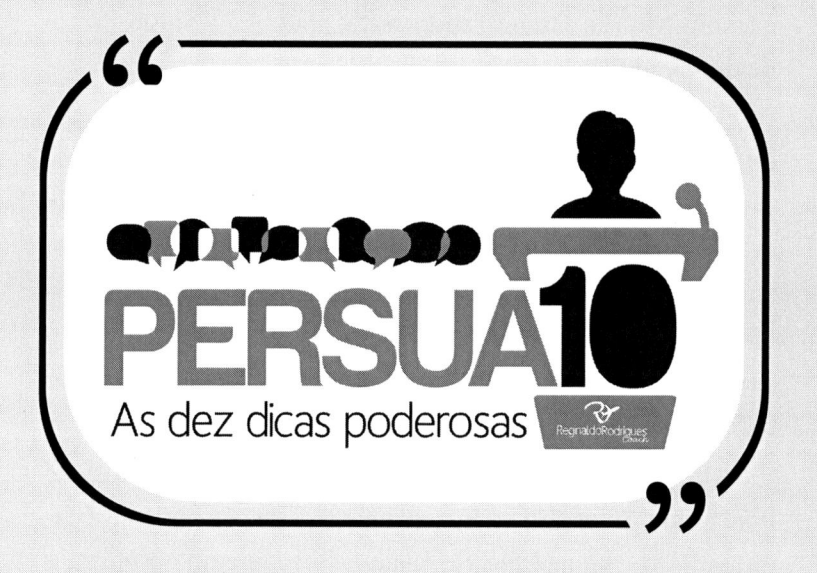

Confesso que não gosto muito de fórmulas prontas, ainda mais em se tratando de comunicação, em que tudo é muito dinâmico. Nas livrarias, é um tal de como fazer isto, como fazer aquilo, como se ao seguir o que está escrito, todos os problemas do leitor estariam resolvidos. Não é assim. Mesmo fazendo tudo certo, ainda há a possibilidade de dar errado.

Porém, a partir das minhas experiências, elaborei uma sequência de dicas que farão com que você faça uma apresentação convincente e aumente significativamente a possibilidade de dar certo. Dentre os vários quesitos a serem observados, enumerei os que considero primordiais, e, que se forem tratados com atenção e dedicação, garantirão, quase sempre, o sucesso da apresentação e deixarão nas pessoas que assistirem o desejo do "quero mais".

Um dos momentos mais marcantes da minha vida até hoje foi um piquenique do qual participei. Você pode me perguntar: Um piquenique Reginaldo? Sim, por que aconteceu ao pé da Cordilheira dos Andes, a uma temperatura de zero grau e um vento cortante que esfriava até os dentes. A equipe da empresa de turismo montou a mesa com comidas variadas e bebidas. Ao final das duas horas que durou a experiência, saímos de lá bem "altos" com o excesso de vinho, não havia outro jeito de aquecer, e certos de que aquela havia sido uma experiência única e inesquecível.

Quando você vai fazer uma apresentação em público, independentemente do tempo disponível, do perfil ou tamanho da plateia, tenha em mente que aquele momento terá que ser único para quem irá assistir. Você precisa ser eloquente, contundente e encantador. Ao seguir e praticar o Persuadez, é certeza de que fará uma apresentação marcante e deixará as pessoas com o desejo de buscar mais informações acerca do tema abordado, e sobretudo com a vontade de ver mais apresentações suas.

Para que possamos exercitar o que estamos falando, vamos simular uma situação real de apresentação em público. A seguir, vou sugerir alguns temas para que você escolha um e comece o exercício após ler cada um dos tópicos do Persuadez. Escolherei o primeiro para exemplificar os exercícios.

Tema 1 – É preciso mudar.
(Esse é o meu tema para o exemplo prático.)
Escolha o seu dentre as opções abaixo:

Tema 2 – Não tenho tempo.

Tema 3 – Quero o sucesso.

Tema 4 – Foco na meta.

Tema 5 – O exercício do perdão.

Tema 6 – O medo de errar.

Tema 7 – Lições de vida pelos filmes.

Tema 8 – Perdoe e viva melhor.

Tema 9 – O amor e a espiritualidade.

Tema 10 – Conciliando trabalho e família.

ESTUDE MUITO

Uma das características do ser humano é a capacidade de planejar. Traçar os rumos e objetivos, e sonhar. Embora seja muito utilizada, a palavra sonho não me remete a algo positivo, pois é abstrato e irreal. Sempre prefiro meta, que com um bom plano de ação pode gerar resultados surpreendentes, até mesmo para os descrentes. Mas nada é possível sem estudo. Estude o tema, o seu público, o local, o contratante e tudo o que puder. Quanto mais informações, menores são as possibilidades de erros.

Qualquer que seja o tema sobre o qual irá falar, fontes de pesquisas é o que não faltam. A internet é sem dúvidas a mais utilizada hoje em dia, porém, cuidado. Mesmo sendo uma fonte com informações que podem estar mais atualizadas, é considerada terra de ninguém, onde todos postam o que quiser. Sempre que for estudar e se preparar por fontes de internet, tenha o cuidado de conferir a informação em fontes diferentes.

A principal fonte de informações ainda continuam sendo os livros. São confiáveis, pois ninguém consegue escrever e publicar um livro sem ler dezenas de outros livros e fazer inúmeras pesquisas. O livro é documento, tem mais credibilidade, tanto é que até poucos anos atrás a internet, por exemplo, não poderia ser usada com fonte para estudos acadêmicos.

Uma boa fonte de pesquisa também é o profissional que trabalha com o objeto da sua apresentação. Sempre haverá alguém que é especialista no seu tema, mesmo que esteja distante. Nesse mundo digital, a comunicação é muito dinâmica, e você pode contatar um especialista com facilidade mesmo que esteja do outro lado do mundo. Tão dinâmica quanto a comunicação é a mudança dos dados, por isso esteja atento para não passar informações equivocadas para o público.

> **"NOSSAS DÚVIDAS SÃO TRAIDORAS E NOS FAZEM PERDER O QUE, COM FREQUÊNCIA, PODERÍAMOS GANHAR, POR SIMPLES MEDO DE ARRISCAR."**
> William Shakespeare

Estude tudo sobre o tema e personagens citados. Leia muito. Aprenda o máximo que puder, mesmo que ao final não consiga passar nem a metade. A comprovação daquilo que aprendeu independente de qual seja o assunto. Persiga o conhecimento e outras fontes onde buscar mais informações, assim, seu público poderá pesquisar mais informações sobre o tema se quiser. Repito, quando você se prepara, principalmente estudando, ao final irá saborear a maravilhosa sensação de dever cumprido com êxito.

Em relação ao primeiro tópico e ao seu tema escolhido, escreva:

1. Onde vou buscar as informações? **(Lembrando que o tema que eu escolhi foi "É preciso mudar".**
Eu: Irei pesquisar em livros de coaching, na internet, e quero conversar com uma pessoa que mudou totalmente de vida.

Você:_____

_____

2. Que autores falam sobre esse tema e posso estudar?
Eu: Antony Robbins, Philip Kotler, Sullivan França, Fredy Machado e James Hunter.

Você:_____

_____

_____

3. Quais os livros disponíveis?
Eu: Tenho o *Monge e o executivo*, *Como se tornar um líder servidor*, *Marketing 3.0* e *Professional coaching*. Pretendo ir até a biblioteca pública pesquisar em outros livros.

Você:_____

_____

4. Que profissionais dessa área posso entrevistar?

Eu: Vou conversar com a minha amiga Kelly Fonseca, que é psicóloga e coach; com Camila Amaral, que tem formação em Direito, é advogada e coach, e hoje atua brilhantemente com desenvolvimento de pessoas, e com Leonardo Gabriel, que depois de muitos reveses é presidente da Associação Comercial da cidade mais importante do Centro-Oeste mineiro e empresário bem-sucedido, e é meu amigo.

Você:_____

_____

_____

5. Quais as estatísticas a respeito do tema?

Eu: De acordo com a pesquisa realizada em 21 estados, no ano de 2017, pelo consultor de carreiras Fredy Machado, para seu livro *É possível se reinventar e integrar a vida pessoal e profissional*, cerca de 90% das pessoas estão infelizes no trabalho. Desse percentual, 36,52% dos profissionais estão infelizes com o trabalho que realizam e 64,24% gostariam de fazer algo diferente do que fazem hoje para serem mais felizes.

Você:_____

_____

_____

PLANEJE TUDO

Planejamento é uma palavra que significa o ato ou efeito de planejar, criar um plano para otimizar o alcance de um determinado objetivo. Esta palavra pode abranger muitas áreas diferentes. Na verdade, é importante para qualquer empreendimento. Especialmente no nosso tema aqui, o planejar é fundamental. Isso tem a ver com a estruturação daquilo que você irá apresentar ao público.

O planejamento tem muito a ver com uma boa estratégia. Pense em tudo o que poderá acontecer. Peter Drucker diz que planejamento não tem a ver com decisões futuras e sim implicações futuras de decisões presentes. Ainda assim, com tudo planejado, é provável que algo o surpreenda fugindo do esperado. Aí deve entrar o seu discernimento, a sua criatividade e até o bom humor, sempre importante.

Agora vou arrumar uma confusão com alguns amigos ilustrando o que acabei de dizer:

O advogado estava viajando de carro pela BR, um tatu foi atravessar na frente do carro e o motorista parou e pegou o tatu. Colocou no porta-malas e seguiu viagem. Pouco na frente, uma blitz da Polícia Federal o parou. Pediram os documentos, pediram para ele descer do carro e abrir o porta-malas. Lá dentro, o policial vê o tatu e fala:

— Rapaz, você é louco. Esse animal é selvagem, isso vai te dar cadeia. Se eu chamar a polícia ambiental, você está frito.

O advogado explica:

— Senhor, esse tatu é meu. É de estimação, está comigo desde novinho. Se soltar ele no chão, eu dou dois assobios e ele volta e fica do meu lado. Ele é treinado.

O policial diz:

— Não acredito nessa sua história.

— Então solte ele para o senhor ver — falou o advogado.

O policial pega o tatu, solta ele no chão e o tatu corre para o mato. O policial então pede para o advogado:

— Agora chame o tatu de volta.

E o advogado pergunta:

— Que tatu?

Planeje até o imprevisto, pois o improvável pode acontecer. Planejamento é um processo contínuo e dinâmico que consiste em um conjunto de ações intencionais, integradas, coordenadas e orientadas para tornar realidade um objetivo futuro, de forma a possibilitar a tomada de decisões antecipadamente. No meu livro *Marketing pessoal – onde você está? O mercado quer te encontrar*, dedico um capítulo inteiro ao planejamento e sua importância em qualquer contexto.

As ações devem ser identificadas de modo a permitir que elas sejam executadas de forma adequada e considerando aspectos como o tempo da apresentação, a qualidade da comunicação, a segurança e a convicção, o desempenho e outras condicionantes. Um planejamento bem realizado oferece inúmeras vantagens ao comunicador.

Exemplo:

- Permite controle apropriado do espaço e da plateia.
- Garante que a comunicação seja entregue conforme expectativa do público.
- Melhor coordenação do que será dito e dos recursos a serem utilizados.
- Possibilita resolução antecipada de problemas que poderão surgir.
- Propicia um grau mais elevado de assertividade nas tomadas de decisão diante de imprevistos.

O tempo dedicado ao planejamento é vital para evitar problemas durante a apresentação. Como estudante de comunicação, marketing e áreas afins, percebo uma convergência grande entre muitas áreas do conhecimento. Isso faz com que eu me atreva a aplicar ferramentas de uma área em outra, e o que é interessante, com resultado final satisfatório.

> "PREPARAR-SE PARA O INEVITÁVEL, PREVENINDO O INDESEJÁVEL E CONTROLANDO O QUE FOR CONTROLÁVEL."
> Peter Drucker

Em relação ao tópico planeje e ao seu tema escolhido, escreva:

1. Como vai estruturar a apresentação?
Eu: Pretendo fazer uma apresentação em PowerPoint, organizada da seguinte forma: Vou perguntar quem está feliz com o que faz. Quem não está, por que não está? O que o faz infeliz agora? A importância de ser feliz no que faz. Apresentar estatísticas de insatisfação. Discorrerei sobre atitude, comportamento, proatividade, protagonismo e vitimismo. A importância de mudar, fechando com "o que você vai fazer para mudar seu estado atual?" e "o que o impede de começar a mudança agora?".

Você:_____
_____
_____

2. Quais recursos visuais usará?
Eu: Usarei um notebook, projetor, microfone e caixas de som, e apresentarei um vídeo motivacional.

Você:_____
_____
_____

3. Onde vai conseguir esses recursos?
Eu: Tenho som, notebook e projetor (tenho conhecidos a quem poderia pedir emprestado também).

Você:_____

_____

_____

4. Em qual momento vai interagir com a plateia?
Eu: Pretendo já começar perguntando quem não está satisfeito no momento, e vou pedir para levantarem a mão. Escolherei alguém do fundo da sala, perguntarei o nome e depois questionarei sobre o porquê de não estar satisfeito. Perguntarei para mais duas pessoas antes de começar a falar. Mais para o final, vou pedir para responderem de forma escrita o que farão para mudarem a partir de hoje.

Você:_____

_____

_____

5. Como, e com qual tempo de antecedência, chegarei ao local da apresentação?
Eu: Chegarei quarenta minutos antes. Vou procurar saber quem é o responsável pelo espaço e se já haverá alguém para que eu possa montar e testar os equipamentos.

Você:_____

_____

_____

TREINE À EXAUSTÃO

Ao ser contratado por uma agência de comunicação (tenho parcerias com várias) para ministrar uma palestra em um cliente deles, o diretor comercial disse que confiava em mim, que eu faria uma excelente apresentação lá, disse que já havia visto uma palestra minha no Sicoob, ficou extasiado com meu jeito de comunicar… e foi disparando elogios. Finalizou dizendo que só poderia ser eu a ministrar a palestra naquela empresa.

Afirmo sempre que excessos me deixam com um pé atrás, por isso estranhei o exagero nos elogios, e fui conversar com a Mídia da agência, com quem já havia trabalhado em uma promoção no Expominas em Belo Horizonte. "Carla, o que deu no Walter? Está parecendo candidato, 'enchendo minha bola'." Ela deu uma risada gostosa e disse: "Não precisa ficar se achando. Ele está é se precavendo. Teve muitas reclamações do último palestrante que ele mandou lá. O cara fez uma palestra 'nas coxas' e ainda xingou um funcionário da empresa durante a apresentação."

Na hora, lembrei-me do significado do "fazer nas coxas". Você sabe? Vou abrir uns parênteses aqui para apresentar as duas versões que conheço. A primeira diz respeito às telhas comuns, aquelas arredondadas, originadas de Portugal e usadas durante muito tempo em casas e barracões em todo o país. Algumas regiões ainda as utilizam.

Em visita ao centro histórico de Porto Seguro, por duas vezes ouvi guias turísticos dizendo que antigamente as telhas eram moldadas nas coxas dos escravos e por isso mesmo ficavam tortas e desalinhadas. Essa é a origem da expressão. Evidente que nenhum escravo tinha uma cocha igual a outra, daí as telhas ficarem totalmente diferentes umas das outras.

Porém, vi relatos de historiadores dizendo que isso não é verdade, que por maior que fosse o escravo não poderia moldar nas coxas uma telha do tamanho das usadas na época, que eram de tamanho médio setenta centímetros. Para esculpir uma telha dessas nas cochas, o "cidadão" teria que ter aproximadamente três metros e meio de altura. Portanto, essa versão seria mito.

O professor de português Cláudio Moreno, que é gaúcho e colunista do jornal *Zero Hora*, é um dedicado estudioso da nossa língua e cultura. Afirma que a expressão tem motivação sexual. A expressão estaria ligada ao ato sexual não completado, não vou pormenorizar pois não é o caso. Mas ele afirma que assim já era praticado na Grécia antiga, e que nós importamos essa prática com o objetivo de evitar complicações com a conclusão do ato.

Deixemos isso para lá, mas os da minha geração vão entender. Aos demais, "fazer nas cochas" é fazer malfeito. E insisti com a colega da agência no porquê de o outro profissional ter sido mal avaliado. "Ele ficou só lendo *slides* e com coisas que todos já sabiam. Não contextualizou nada e ainda reclamou do ar-condicionado e da saída esporádica de algum funcionário que precisava sair para atender alguma demanda. Além de tudo, a fala dele era meio enrolada e baixa."

Parafraseei o apresentador Raul Gil: "Xiiiiiiiii!!! Mas parece que ele havia sido contratado por indicação." Para finalizar, Carla disse que o chefe só estava se precavendo comigo para que eu não comprometesse novamente o nome da agência, como o outro havia feito. No meu interior, ri e pensei: aqui não, bebê. Sem falsa modéstia, não gosto disso, pois todas as minhas apresentações são treinadas e adequadas a partir de critérios sistemáticos.

O aprendizado e aprimoramento acontecem pela repetição. Acredito que você tenha lembranças dos deveres de casa nos primeiros anos de escola. Naquela época, escrevíamos nosso nome dez, vinte ou até cinquenta vezes. O cabeçalho outras tantas e o mesmo acontecia com os números. Isso acontecia dia após dia, até que finalmente não precisávamos mais olhar na ficha para escrevermos. Depois desse exemplo, não precisa nem muita explicação adicional sobre o porquê de fazer o treinamento da sua apresentação, acredito.

Treinamento é, resumidamente, um processo bem estruturado pelo qual a gente se prepara para desempenhar uma função ou tarefa, de modo a atender às expectativas nossas e de quem mais está envolvido. Assim, você não fará apresentação "nas coxas". Aqui, precisamos atender ou de preferência superar a expectativa do nosso público, e a nossa evidentemente, de forma que ao final sintamos o prazer e a satisfação de que fizemos e demos nosso melhor.

O treinamento visa a ajudá-lo a adquirir mais eficiência e isso se refletirá diretamente na sua performance. Portanto, para que qualquer apresentação se desenvolva com qualidade, é fundamental o treinamento. Hoje é muito simples essa tarefa. Com o advento dos *tablets* e *smartphones*, podemos nos gravar com facilidade tantas vezes quantas forem necessárias. Em seguida assistimos, identificamos as falhas e gravamos novamente, fazendo as correções.

Esse treinamento pode ser feito em partes, de acordo com a estruturação da sua apresentação. Se vai contar uma história, ensaie somente essa parte até que fique do seu agrado, com as interpretações certas e os movimentos coerentes com as falas. Importante treinar sobretudo o início, pois ele será determinante para o desenrolar satisfatório da apresentação.

Minha esposa, vez por outra, me dava beliscões e tapas que vinham seguidos da fala: "Não sei por que estou te batendo, mas você sabe por que está apanhando." Quando não nos saímos bem em uma apresentação, mesmo já tendo conhecimento das técnicas, sabemos

> "QUANTO MAIS VOCÊ SUA NO TREINAMENTO, MENOS SANGRA NO CAMPO DE BATALHA."
> George S. Patton

perfeitamente o que deveríamos ter feito e não fizemos.

Não passe por isso, faça. Autora do bestseller *O Poder dos Quietos*, Susan Cain virou um hit das TED Talks quando discutiu o assunto. Ela própria introvertida, conseguiu superar seus medos e tornou-se uma palestrante disputada. Olha eu aí (*kkk*). Só não sou tão disputado ainda.

Cain conta que a chave para superar o desafio de falar em público foi praticar suas falas em grupos pequenos, onde se sentia à vontade. "Precisei me dessensibilizar", disse. "Eventualmente, você se acostuma com a sensação esquisita de ser observada, que costumava me deixar horrorizada. Seu medo se dissipa."

Se não tiver tempo de treinar tudo, foque na introdução. Ela é o ponto-chave na hora de controlar os seus nervos. Algumas pesquisas apontam que, após os primeiros trinta ou sessenta segundos de apresentação, os níveis de ansiedade caem de maneira significativa. Afinal, você não está inventando aquilo na hora.

Afirmo aqui para a Professora Cain que, na minha prática, com meus alunos, o "trac" demora por mais minutos que as pesquisas dela, podendo chegar a sete ou oito, mas o importante é que de fato se o apresentador for bem no início, depois ficará à vontade.

Em relação ao tópico lido e ao seu tema escolhido, escreva:

1. Quando vou treinar a apresentação?
Eu: Vou treinar gravando no meu celular, principalmente a parte das perguntas, citações, testando as projeções diferentes da voz, como se já estivesse lá.

Você:_____
_____
_____

2. Quais recursos vou usar para o treinamento e as correções?
Eu: Precisarei só do celular mesmo. Vou gravando, assistindo e fazendo de novo. Testarei a passagem dos *slides* também, claro.

Você:_____
_____
_____

3. Quantas vezes vou treinar antes?
Eu: Quero treinar as partes separadas, pelo menos umas três vezes as mais importantes, e a apresentação completa uma vez.

Você:_____
_____

4. Como vou saber se a minha apresentação está pronta?
Eu: Quando eu achar que a minha fala na gravação está convicta e segura, e a minha voz está forte e bem projetada.

Você:_____

_____

_____

5. O que posso fazer a mais?
Eu: Vou imprimir as apresentações do PowerPoint e algumas informações que não guardei ainda, só por segurança. Vou ligar para saber o perfil do público também.

Você:_____

_____

_____

VISTA A MELHOR ROUPA

A sua aparência será muito importante para o sucesso da apresentação. Todos temos uma roupa com a qual nos sentimos melhores, e é exatamente a roupa que você vai vestir para a apresentação. O mesmo vale para os sapatos e acessórios. Importante considerar também o contexto da apresentação. Vista sempre a melhor roupa que você tiver para a ocasião, o que não significa que deva usar sempre social.

Se o evento é mais informal, vista a melhor roupa informal que você tem. O jeito como você se veste está associado diretamente à credibilidade da informação que você pretende passar. Acima de tudo, o bom senso e o discernimento devem prevalecer. A roupa, além de transmitir uma imagem positiva, terá influência direta no seu desempenho, pois, estando bem vestido, você se sentirá empoderado ou empoderada, palavra do momento. Isso significa mais confiança para o desafio.

Para as mulheres, é importante que estejam atentas aos decotes, às saias muito curtas, aos acessórios muito chamativos, às cores muito vibrantes, dentre outros. Não distraia a plateia com informações, mesmo que visuais, que não tenham relação com o tema que irá abordar. Cuidado para não chamar mais atenção que o assunto da fala. É muito comum alguns palestrantes quererem aparecer mais que o tema. Não cometa esse erro.

O vestir bem não tem associação com alguma situação física sua. Esse padrão de beleza imposto pela mídia pode se tornar uma armadilha para as pessoas quando o assunto é fala em público. Muitas pessoas se sentem intimidadas ao falar em público simplesmente por se acharem feias ou acreditarem que os outros ficarão reparando em alguma característica física delas. O intrigante é que na maioria das vezes esse medo é injustificável.

> "SE UMA IMAGEM VALE MAIS DO QUE MIL PALAVRAS, ENTÃO DIGA ISTO COM UMA IMAGEM."
> **Millôr Fernandes**

Enquanto você não gostar de si mesmo, sempre se verá como alguém que os outros estão querendo criticar e humilhar. A verdade é que essa é a sua opinião sobre si mesmo e não é por isso que o resto do mundo concorde. Certamente, apesar de você não se gostar, existem muitas pessoas que o acham alguém interessante, inteligente e digno de ser ouvido. Aprenda a amar-se e afaste o fantasma do que os outros pensam de você.

Não deixe o "estou gordinha, baixinho, careca, velho, tenho orelhas grandes", dentre outras coisas, inibirem-no. Você não está lá para um desfile de moda. Para isso, chamariam outra pessoa. Preocupe-se em passar o conteúdo com qualidade. Os cuidados com a aparência são importantes dentro do que é sensato: roupas bem passadas, calçados limpos, barba bem-feita, cabelos bem cuidados e, para as mulheres, amarrados.

Em relação ao tópico anterior e ao seu tema escolhido, escreva:

1. Quais roupas tenho disponíveis?
Eu: Tenho terno, gravata, mas para o tipo de ambiente, vou de calça jeans, camisa social e um paletó menos formal.

Você:_____

_____

_____

2. Precisarei comprar ou pegar alguma roupa emprestada?
Eu: Não, mas se precisasse pediria com antecedência.

Você:_____

_____

_____

3. Como vou saber se essa roupa que escolhi é a ideal?
Eu: Vou pedir a opinião de um ou dois amigos que entendem. Vou dar uma olhada na internet também, para saber se a roupa está adequada.

Você:_____

_____

4. É possível levar outras peças ou acessórios? Quais?
Eu: Posso levar mais uma opção de camisa, caso a que for usando suje.

Você:_____
_____
_____

5. Quem pode avaliar as suas roupas e sugerir acessórios?
Eu: A minha namorada, a minha assessora, amigos.

Você:_____
_____
_____

CRIE O *RAPPORT*

Criar empatia ou sinergia é fundamental para que a sua apresentação seja bem-sucedida. Recentemente, vimos um dos principais ícones da música mundial ser vaiado em shows pelo Brasil. Roger Waters, um dos símbolos da banda inglesa Pink Floyd, resolveu inserir no show uma manifestação contrária ao então candidato à presidência do Brasil, Jair Bolsonaro. Ao adotar esse procedimento, desagradou boa parte do público, daí as vaias. Isso é exatamente o contrário do que quem se apresenta em público deve fazer.

Imagine se em vez disso ele tivesse elogiado as belezas do país, ou a disposição e energia do público. Seria aplaudido por cem por cento das pessoas que lá estavam. A manifestação pegou tão mal que, rapidamente, além de manifestações de reprovação nas redes sociais e em grupos de WhatsApp, ingresso para os shows seguintes começaram a ser vendidos até pela metade do preço por algumas pessoas que haviam adquirido antecipadamente.

No coaching, o *rapport* é importantíssimo para que tenhamos êxito com os nossos clientes, como já disse anteriormente. A palavra é de origem francesa, derivada do termo *rapporter*, e significa, na tradução, "trazer de volta". No contexto de uma sessão de coaching, o *rapport* representa criar conexão, gerar empatia, formar um campo relacional, oferecer apoio e segurança, num momento pleno de sintonia e alta frequência entre coach *e* coachee.

Portanto, para o apresentador, o *rapport* é extremamente necessário. É uma ferramenta extraordinária, uma vez que é capaz de extrapolar a linguagem verbal. Ao entrar em *rapport*, criamos um campo de energia, que permite, por alguns instantes, vivenciar a vida da outra pessoa, nos colocarmos no lugar dela. Com isso, podemos ver, ouvir, sentir e entendê-la, sem preconceitos e julgamentos. Dessa forma, certamente ela captará com muito mais facilidade a nossa mensagem.

"Esta permissão para acessar a outra pessoa permite fazer uma leitura sistêmica dela, que compreende desde a postura corporal, o movimento de seus olhos, seus gestos e que permite, através destes sinais, uma compreensão maior de suas intenções, motivações, crenças, valores e visões de mundo e das mais diversas situações."

Estamos falando de espelhamento. Sim, você se espelha na outra pessoa, procurando fazer exatamente o que ela faz sem que ela perceba. Repita sutilmente os gestos, as expressões faciais e assim já terá iniciado um processo de harmonização da comunicação. Estabeleça um contato visual. Isso demonstra confiança e gera credibilidade.

No caso do público, ou seja, na interação com um grupo de pessoas, como apresentadores, precisamos logicamente entender o interesse e o comportamento coletivo. Precisamos entender o que une essas pessoas, no caso o objetivo comum. No exemplo do músico do Pink Floyd, todos estavam lá para vê-lo, ele era o interesse comum, bastava ser educado e elegante, não manifestando posicionamento político, e assim desagradar parte das pessoas.

Uma excelente maneira de estabelecer o *rapport* é tratar as pessoas pelo nome. Depois de certo tempo, pode até chamá-

-las por um apelido de que gostam. Porém, cuidado. Chamar alguém de "flor", "querida", "amiga" pode causar uma sensação de que você está sendo irônico. Não há quem não goste de ser chamado pelo nome.

Cada um tem a sua maneira de interagir, transmitir e receber as informações, e tempos distintos para se conectar. Mas o *rapport* é imprescindível para a conexão. Para começar uma apresentação já em grande estilo, busque informações antecipadas sobre o público, assim, saberá seus perfis e necessidades.

> "AH, QUE OS DEUSES NOS DESSEM O PRESENTE DE VERMOS A NÓS MESMOS COMO OS OUTROS NOS VEEM."
> **Robert Burns**

Em relação ao tópico anterior e ao seu tema escolhido, escreva:

1. O que farei antes da apresentação pensando no *rapport*?
Eu: Vou deixar algumas músicas alegres tocando enquanto o pessoal chega. Quero treinar contar uma história engraçada que tenha a ver com o público.

Você:_____
_____
_____

2. Qual será minha primeira ação para conseguir o *rapport*?
Eu: Desejar uma boa noite com alegria, já com sorriso e voz bem projetada.

Você:_____

_____

_____

3. O que poderei fazer durante a apresentação considerando o *rapport*?
Eu: Perguntas para os participantes, pedindo que contem situações que eles vivenciam, e demonstrar interesse. Se eu já tiver vivido alguma situação parecida com a de alguém, vou compartilhar.

Você:_____

_____

_____

4. O que posso fazer de diferente pensando na sinergia?
Eu: Vou me movimentar, inclusive indo ao fundo da sala ou do auditório, pedir a alguém lá do fundo que fique de pé e faça uma pergunta sobre o tema a um colega.

Você:_____

_____

5. Como posso chamar alguém à frente, sabendo que isso é interessante?
Eu: Convido uma ou mais pessoas para participar de uma dinâmica descontraída. Tem várias opções na internet.

Você:_____
_____
_____

USE O CORPO

Mediante uma apresentação ou qualquer tipo de explanação, o importante é que as nossas ações, gestos e posturas sejam naturais. Não existe técnica que seja mais importante que a naturalidade. Para isso, é preciso buscar o autoconhecimento, aprender a sentir o próprio corpo, saber do que é capaz, observar as suas dimensões e os seus limites, ter consciência da sua força para identificar o pensamento e o sentimento e descobrir as suas possibilidades de expressão.

Graças à sua TED Talk, a psicóloga Amy Cuddy fez milhões de pessoas praticarem as suas poses poderosas em casa. "Quais as expressões não verbais de poder e dominação?", perguntou ela. No reino animal, elas são sobre expansão. Então você se faz grande, se estica, ocupa espaço, basicamente se abre. É sobre se abrir. E os humanos fazem igual.

O que tende a acontecer, explicou, é que o nosso comportamento reflete o do outro. Se uma pessoa exerce poder sobre nós de maneira não verbal, tendemos a nos diminuir em relação a ela. E como corpo e mente estão conectados, Cuddy queria descobrir se a mente poderia dominar as reações do corpo. Interessante, *rapport*?

A resposta dela é que a nossa mente muda o nosso corpo, assim como o nosso corpo muda a nossa mente. Ou seja, fazer poses poderosas simples faz com que você se sinta de fato mais poderoso. Quem pratica ioga sabe disso. Os movimentos vão se tornando mais fáceis à medida que praticamos, mentalizamos e praticamos de novo. Meu professor Eduardo frisa sempre esse aspecto.

"Antes de encararem a próxima situação estressante, em que serão avaliados, tentem fazer isto por dois minutos: no elevador, no banheiro, na sua mesa com as portas fechadas," mentalização positiva, resumiu a autora.. Configure o seu cérebro para cooperar ao máximo naquela situação. Levante o seu nível de testosterona e abaixe o de cortisol. Deixe a situação sentindo: 'Ah, eu realmente disse e mostrei a eles quem sou'.

Utilizo uma dinâmica, a partir do *Day Trainning* de que participei com Tony Robbins, mostrando na prática que o cérebro pode dar um comando para o corpo do meu cliente, aluno, coachee ou mesmo participante de uma palestra, depende do contexto, e o corpo vai obedecer, por mais que anteriormente ele não acreditasse que seria capaz.

"Noooossa!" É a exclamação que costumo ouvir por parte deles quando conseguem um movimento que pensavam ser impossível a execução ou superação de um determinado limite. Afirmo imediatamente para cada um deles: Não fui eu, foi você. Acredite, treine e faça. Estou falando de metas e objetivos tangíveis e factíveis. Se você mentalizar que vai voar ou se teletransportar para um outro lugar, vai mentalizar o resto da vida e muito provavelmente não acontecerá nada. "– O professor disse que eu poderia." Mentira, não estou nem aqui.

Uma repórter de televisão me disse que era ótima entrevistadora (a entrevista está no meu canal no YouTube), mas que não sabia onde colocar as mãos quando não estava com o microfone. Esta é uma dúvida comum: onde colocar as mãos enquanto falo? A dica inicial é manter as mãos na altura da cintura, a direita levemente posicionada sobre a esquerda, e assim os movimentos e os gestos surgirão naturalmente.

Não devemos instituir uma regra fixa e rígida para a posição inicial ou de descanso dos braços e das mãos. Tanto uma como a outra poderão ser corretas. Enquanto alguns julgam que os braços colocados ao longo do corpo são mais naturais, outros interpretam que os braços colocados à frente do corpo, acima da linha da cintura, estão mais próximos do gesto a ser executado e, portanto, numa posição mais correta. Cada um deverá comportar-se da forma que julgar mais conveniente, como sentir-se melhor e mais natural.

Na verdade, as ideias se sucedem rapidamente e para cada ideia deverá ocorrer um gesto complementar, o que indica que os braços e as mãos de certa forma deverão estar quase o tempo todo se movimentando. Este conceito implica que não há necessidade de procurar rapidamente algum tipo de apoio após a execução do gesto. Muitos fecham as mãos em conchas, uma sobre a outra, entrelaçam os dedos, prendem uma das mãos com a outra ou seguram a gola do paletó com tamanha frequência que chegam a irritar o auditório. Para um pequeno descanso, até colocar as mãos sobre a tribuna ou ocasionalmente nos bolsos, desde que rapidamente e com naturalidade, poderá ser considerado correto.

Determinados gestos chegam a ridicularizar a imagem do orador. Alguns, sem saber o que fazer com as mãos e até inconscientemente, ficam mexendo na pulseira do relógio, estalando os dedos, limpando as unhas, puxando as mangas ou rodando os botões da blusa ou do paletó, alisando os cabelos, coçando o queixo e, em alguns casos extremos, mas não tão incomuns, enfiando o dedo nos ouvidos e até no nariz.

Os gestos das mãos devem ser expressivos, mas não exagerados. Devem atender uma necessidade de elucidação ou afirmação da mensagem, existir com naturalidade, integrar-se com suave elegância no conjunto da expressão verbal. Alguns gestos das mãos são tão coerentes com as ideias que retratam que vale a pena relembrá-los.

O dedo indicador, em riste, ameaça, acusa; levantado, alerta, pede atenção; ligado ao polegar indica autoridade, conhecimento do assunto tratado. Para orientar e explicar, basta deixar os três dedos, médio, indicador e polegar abertos.

A mão fechada, com o polegar pressionando o dedo médio, indica força, energia, vigor. Quando o polegar pressiona a parte lateral do dedo indicador, ainda com a mão fechada, seu significado passa a ser o de poder.

A mão aberta, com a palma voltada para cima, indica recebimento, doação, afinidade, súplica. Com a palma voltada para baixo, significa rejeição, repulsa. Ainda voltada para baixo, com pequenos movimentos, significa pedido de calma, paciência, espera, silêncio.

A mão aberta esticada com a palma voltada para a lateral e sobre a outra aberta com a palma voltada para cima, como se uma fosse cortar a outra, significa separar, dividir. Essa ideia também poderá ser obtida com a mão na mesma posição, esticada, e a palma voltada para lateral, como se estivesse dando pequenos golpes no ar.

As mãos abertas com as palmas voltadas para cima, com os dedos abertos um pouco curvados e com pequenos e energéticos movimentos significa renascer, aflorar, despertar, ao passo que a palma voltada para baixo, e com movimentos laterais, indica afastar, tirar, remover. As pontas dos dedos unidas, voltadas para baixo e com pequenos movimentos, significa plantar, penetrar, tempo presente, local próximo.

A mão aberta, com os dedos afastados, a palma voltada para a lateral, num movimento para dentro e próximo ao corpo, fechando-a ao mesmo tempo, indica reunir, juntar. São alguns exemplos e sugestões, mas se quer ficar bom no uso dos gestos, selecione alguns textos dos quais você gosta e marque neles todas as palavras que possam ser representadas por gestos e treine a leitura fazendo esses movimentos.

Quando você treina várias vezes, dali a algum tempo, passará a reproduzir o gesto automaticamente todas as vezes em que pronunciar a palavra em questão. Normalmente, os gestos possuem boa expressividade quando realizados acima da linha da cintura, visíveis ao auditório. Devem-se evitar também gestos acima da linha da cabeça, deixando-os reservados para momentos de emoção excepcional.

Como sugestão de ordem geral, sem que se constitua uma regra imutável, quanto maior e mais "inculto" o auditório, maiores e mais largos deverão ser os gestos, e quanto menor o auditório e melhor preparado, menores e mais moderados deverão ser os gestos. A retórica não se apresenta somente por argumentos e expressões verbais. Os gestos também são instrumentos retóricos de acordo com o contexto.

Não se esqueça de utilizar também as pernas, cabeça ou qualquer outra parte do corpo, desde que os movimentos sejam concatenados com a fala. A comunicação corporal serve para reforçar a expressão oral. Os movimentos devem estar em sintonia com a fala. É interessante que se faça exercícios e simulações, dizendo algumas palavras e tentando representá-las por meio de gestos, assim como sugeri em relação às marcações nos textos.

O olhar também faz parte desse contexto. Os autores Allan e Bárbara Pease citam no livro *Expressão Corporal* alguns significados do olhar em certos contextos. Vejamos:

Para cima à direita

Toda vez que uma pessoa olha nessa direção está ativando o cérebro a criar imagens.

Para cima à esquerda

Esse movimento dos olhos faz o cérebro resgatar arquivos visuais na memória. Ao fazer uma abstração, o ser humano, invariavelmente, olha para cima. Experimente fazer uma conta matemática mentalmente e perceba como seus olhos movimentam-se para cima.

Para o lado esquerdo

Este movimento, como se olhássemos na direção do ouvido, ativa os arquivos de memória ligados à audição. Utilizamos esse movimento dos olhos para nos lembrar de músicas ou sons que ouvimos no passado.

Para o lado direito

Olhando nessa direção, estimulamos o cérebro a criar novos sons. Os músicos utilizam com frequência este movimento ao comporem novas músicas e ao prepararem novos arranjos musicais.

Para baixo à direita

Existem autores que afirmam que esta posição compreende a cinestesia, isto é, os sentidos corporais.

Para baixo à esquerda

Ao olhar nessa direção, remoemos sentimentos. Lembramos de coisas que fazem parte do nosso passado, incluindo lembranças quaisquer — como memorias tristes. Estimulando, inclusive, um autodiálogo.

Para baixo

O movimento dos olhos como se olhássemos para a ponta do nariz ativa os nossos sentidos olfativos. Por isso, os enólogos, ao degustarem vinhos, olham para a ponta do nariz.

Portanto, cuidado com o olhar. Li sobre uma pesquisa que apontava a expressão corporal como responsável por 55% da comunicação. Isso mostra que o uso de gestos e outras expressões corporais é fundamental na transmissão da mensagem. Tudo o que puder usar para facilitar a compreensão será de grande importância.

> "DIZEM QUE MINHAS MÃOS FALAM, NÃO SEI, MAS PROCURO TRANSMITIR O MÁXIMO ATRAVÉS DELAS, NOS MOVIMENTOS E EXPRESSÕES RÍTMICAS."
> **Carmen Miranda**

Em relação ao tópico anterior e ao seu tema escolhido, escreva:

1. Quais as palavras-chave que usarei na apresentação?
Eu: Quando fizer perguntas sobre quem já passou por uma determinada situação, peço que levantem a mão. Posso levantar também em uma dessas. Usarei palavras como "sim", "não", "vencer", "acreditar", "amor", "sucesso", "futuro". Vou procurar outras que possa usar e treinar os gestos.

Você:_____

_____

_____

2. Quais dessas palavras podem ser representadas por gestos?
Eu: Acredito que todas elas, e buscarei outras.

Você:_____

_____

_____

3. Em qual momento da apresentação vou me movimentar pelo espaço disponível?
Eu: Quando fizer perguntas no início, já pretendo me movimentar em direção àqueles que se manifestarem. Enquanto estiver à frente, vou de um lado para outro, e ao fundo também, sempre que possível.

Você:_____

_____

_____

4. Em qual ponto da apresentação posso fazer um movimento surpreendente?
Eu: No momento da dinâmica posso criar algo interessante, talvez relacionado à dança.

Você:_____

_____

_____

5. Quando posso pedir para alguém fazer algo inusitado e o que posso oferecer como prêmio?
Eu: Já usei caixas de bombons, bichos de pelúcia. Nesta vou dar um livro meu como prêmio.

Você:_____

_____

_____

TESTE TUDO ANTES

Muitas das situações adversas em apresentações poderiam ser evitadas se houvesse sido feito o teste dos equipamentos e material usados. Normalmente, temos total liberdade para fazer as apresentações e usar o local antes. Mas muitas medidas não são tomadas por pura negligência. Equipamentos de áudio ou visuais podem apresentar problemas mesmo se testados, mas o risco diminuirá se alguns cuidados forem tomados.

Fazer uma apresentação em PowerPoint, ou Prezi, que eu tenho usado mais ultimamente, com imagens interessantes e chamativas, fará com que os presentes não olhem tanto para você, ajudando-o a relaxar. Além disso, nesse tipo de apresentação é possível colocar tópicos da sua fala, o que vai salvá-lo de um possível branco. Mas não se esqueça de que a função principal da comunicação visual é reforçar a comunicação verbal.

Outro recurso muito utilizado é o vídeo. Inserir um vídeo interessante sobre o tema que você vai apresentar vai poupá-lo, pelo menos por alguns minutos, de falar e enriquece a apresentação. Além do vídeo, a apresentação poderá ser enriquecida com cartazes, algum produto ou equipamento para exemplificar, escritas no quadro ou *Flip Chart*, além de dinâmicas interativas.

É muito comum que oradores iniciantes cometam alguns erros na utilização dos recursos visuais, principalmente PowerPoint. Usar muito texto e com letras pequenas é um deles, inserir texto sobre fotos é outro. Ao inserir uma imagem, veja antes se a ela tem uma boa resolução, para aparecer com clareza e ilustrar bem o que você quer.

Mas nada é tão importante quanto testar o funcionamento de tudo antes da apresentação. Conheça bem o espaço e os equipamentos e evite trocas de última hora, o perigo pode estar exatamente aí. Improvise o mínimo possível. O improviso só dever ser utilizado se não houver outro recurso ou se você já está em nível mais avançado de comunicação em público.

> "...TEMOS ADOTADO UMA ESPÉCIE DE TESTE PRAGMÁTICO PARA O CERTO E O ERRADO, AQUILO QUE FUNCIONAR É O CERTO..."
> Martin Luther King

Em relação ao tópico anterior e ao seu tema escolhido, escreva:

1. Quais equipamentos vai usar?
Eu: Como disse anteriormente, computador, microfone e projetor.

Você:_____
_____
_____

2. Vai precisar de alguém para ajudar? Com quem poderá contar?

Eu: Em primeiro momento não, mas se houver alguma situação inesperada, escolho alguém da plateia, e ainda ofereço um brinde pela disponibilidade em ajudar.

Você:_____

_____

_____

3. Quando vai testar os equipamentos?

Eu: Vou testar antes no escritório, e chegarei mais cedo para testar no local também.

Você:_____

_____

_____

4. Se algo der errado durante a apresentação, o que farei?

Eu: Como sempre faço, vou levar na esportiva, e terei os *slides* impressos para o caso de algo der errado com equipamentos eletrônicos. Isso já me salvou em um evento, quando uma queda de energia queimou o projetor do local durante a palestra.

Você:_____

_____

5. Considerando que para o meu marketing pessoal é importante o registro, quem irá gravar e fotografar?

Eu: Se a minha secretária estiver presente, essa tarefa é dela, se não, hoje temos o recurso da *selfie*, ou peço a alguém do público também.

Você:_____

_____

_____

FAÇA COM BOM HUMOR

As pessoas mais agradáveis são as bem-humoradas. E rir é o melhor jeito de se livrar da tensão e do nervosismo. Quando se faz uma pessoa rir, ela automaticamente passa a simpatizar mais com você. E assim que você perceber que as pessoas estão rindo com você, vai começar a se sentir mais confiante e à vontade.

O poder de um sorriso não deve ser subestimado: ele é capaz de deixar a sua fala mais acolhedora. E o cérebro humano é tão atento ao ato que é capaz de discernir dezesseis tipos de sorrisos mesmo que esteja apenas escutando a voz. Ou seja, sorria ao telefone também. Dá para perceber claramente.

Meu diretor Luizinho, na rádio Candidés, em Divinópolis, vez por outra abria a porta do estúdio e dizia para mim: "Quando abrir o microfone, fale sorrindo. O ouvinte percebe.

Demorei um pouco a entender, mas estudei, pesquisei, entendi e recebi muitos elogios dele por isso. Conversar sorrindo faz com que as pessoas queiram ouvir você.

Minha professora de oratória, Fátima Castro, me disse em 1991, quando já estava na rádio Sucesso FM, mas não era locutor ainda, que precisamos conversar seduzindo. Tornei-me um agenciador excepcional, batia recordes de vendas no departamento comercial da emissora, e depois fui um comunicador respeitado também em todas rádios e lugares por onde passei.

Sou da época em que locutores recebiam cartas. Eu as guardava com carinho. Quando passaram de onze mil, parei de contar e em um desses processos de limpeza me desfiz delas. Tudo isso muito em função do sorrir enquanto falava. O mesmo não ocorreu com o meu certificado de conclusão do Curso de Oratória, que conservo até hoje, 28 anos depois.

Certa vez, fui escalado para entrevistar a dupla Chrystian e Ralf, aliás, eu me escalei, pois estava como diretor da Rádio Ind FM, da cidade de Cláudio, e confesso que foi um dos momentos mais emocionantes da minha carreira de radialista. Primeiro pelo fato de eu ser fã dos dois, depois, por serem considerados pela crítica como a dupla mais afinada do Brasil. De fato, as vozes são inigualáveis e inimitáveis.

Por tudo o que representam para a música brasileira, eu estava ansioso e por isso estava sério, o que não é normal, já que sou sempre sorridente. Aliás, uma das poucas duplas que usam o próprio nome como nome artístico: Chrystian José Pereira da Silva Neto e Ralf Richardson da Silva. Outro fator que contribuía para o meu nervosismo, mesmo que não fosse aparente, era o histórico de instabilidade que acompanhava a dupla.

Logo que avistei os dois, vi que minha preocupação era infundada. Estavam extremamente simpáticos e contavam piadas entre eles e os organizadores do evento. Chamaram-me para perto para ouvir, e todas as piadas tinham palavrões de duplo sentido e situações politicamente incorretas. Demos boas gargalhadas, fiquei bem-humorado também, absolutamente à vontade, e ao final a entrevista foi fantástica e descontraída, o que reforçou a minha admiração pelos dois.

Mas tem o outro lado. Existem pessoas que são mal-humoradas de natureza e parece que gostam de ser assim, é incrível. A onda de falar mal do Brasil e de tudo ruim que acontece não tem fim. Muitos têm prazer de falar de coisas que não vão bem ou que deram errado. São incapazes de ver o lado bom das coisas ou que dá certo e funciona. Fiquei muito orgulhoso ao ouvir Djavan, Milton Nascimento, Caetano Veloso e Raça Negra no Starbucks lá no Chile. Muito bom! Não obstante, eles demonstram um patriotismo invejável ao defender tudo o que é deles, valorizando e exaltando.

Não seja a pessoa portadora das notícias ruins. Ao repassar uma notícia ruim ou ressaltar algo negativo, inconscientemente, você está gerando uma energia negativa ao seu redor, e contaminando o ambiente e as pessoas que nele estão. No livro *Onde você está?*, dedico um capítulo para abordar esse tema, hoje estudado e comprovado pelas teorias da Física Quântica.

Faça brincadeiras com situações pontuais da apresentação, conte uma piada que tenha relação com o tema e assim você criará uma atmosfera positiva. Só conte piadas se você já tem o hábito de fazer isso no dia a dia e se você realmente é bom nisso. Se não tem o costume de fazer, certamente irá fracassar ao improvisar em público.

Cuidado. Ser engraçado não é ser vulgar. Muitos palestrantes de renome, e, principalmente, iniciantes cometem a falha de contar piadas de duplo sentido e com uso de palavrões para chamar atenção. Uma parte vai rir e a outra ficará constrangida. Você não precisa ser humorista para ser bom comunicador. O objetivo principal é passar o conteúdo, fazer com que o público entenda a sua mensagem.

Quando falo de bom humor, reforço que isso é importante inclusive em situações que poderiam incomodá-lo. Por exemplo, ao tocar um celular durante a sua fala, em vez de xingar você pode dizer: "Se for para mim, diga que eu não estou", ou "Gostei desse toque. Esse aí eu não tenho", e dê risada. Quem atendeu vai desligar imediatamente e todos os outros vão verificar se os seus celulares estão desligados.

Se alguém insiste em conversar enquanto você explana, faça uma pergunta para essa pessoa, ou chegue perto dela olhando fixamente. Ela vai parar de conversar e as outras também não conversarão pois sabem que você fará a mesma coisa com elas. Jamais trate alguém com falta de educação, com grosseria, pois a plateia vai ficar do lado da pessoa, por mais errada que ela esteja, e você se tornará o vilão da história.

O bom humor deve e pode ser exercitado, e começa logo pela manhã. Acorde mais cedo. Ninguém ficará bem-humorado se sair de casa atrasado para as atividades diárias. Faça uma oração, independentemente da sua crença, ouça uma música de que você goste e pratique o bom-dia e as outras palavrinhas mágicas.

Mesmo que não tenha o hábito do bom-dia, comece amanhã mesmo. Deseje bom-dia ao vizinho, até aos desconhecidos, e, principalmente aos colegas de trabalho. No início, você sentirá um certo desconforto, se não tem esse costume, mas dentro de poucos dias isso já será incorporado a você e passará a fazê-lo naturalmente, até mesmo sentindo prazer na atitude.

> **"A MELHOR MANEIRA DE NOS PREPARARMOS PARA O FUTURO É CONCENTRAR TODA A IMAGINAÇÃO E ENTUSIASMO NA EXECUÇÃO PERFEITA DO TRABALHO DE HOJE."**
> Dale Carnegie

Em relação ao tópico anterior e ao seu tema escolhido, escreva:

1. O que posso fazer para que a apresentação seja leve e descontraída?
Eu: Posso buscar na internet algumas imagens cômicas que remetam a mudanças. Contar casos engraçados e exemplos pitorescos.

Você:_____

_____

_____

2. Qual exemplo engraçado poderei usar na apresentação?
Eu: Além de imagens inusitadas, vou usar um vídeo mostrando "saias justas" de apresentadores de telejornais ao lidar com problemas técnicos e a necessidade de mudarem a postura e improvisarem.

Você:_____
_____
_____

3. Posso fazer alguma brincadeira ou dinâmica? Qual?
Eu: Convido alguém, talvez um casal, na frente para dançar. Mudo o ritmo para outro subitamente, começo com uma música lenta clássica e passo para um funk. Facilmente poderei fazer a analogia do que representa a mudança.

Você:_____
_____
_____

4. Que recursos posso usar para tornar a apresentação mais leve?
Eu: Além da música, de vídeos e interação, vou contar uma parábola em que poderei demonstrar a importância da mudança.

Você:_____

_____

_____

5. Posso pedir para que aplaudam algo, mas o quê?
Eu: Vou pedir que aplaudam efusivamente a si mesmos, por terem tido a iniciativa de participarem do evento.

Você:_____

_____

_____

TIRE A ATENÇÃO DE SI

No início da apresentação, logo que você chega à frente ou sobe ao palco, é quando todas as atenções estão voltadas para você. E agora? Justamente no início, quando você está mais nervoso e todos o olhando fixamente? Estudos indicam que esse medo inicial, que chamamos na comunicação de "trac", dura entre três e cinco minutos. Após esse tempo, seu corpo se acostuma ao novo espaço e começa a tê-lo como dele, ou seja, você vai ficando cada vez mais à vontade e já se sente confortável à frente.

Muitos continuam tendo a sensação de medo, ou ansiedade exagerada, mesmo depois de muitas apresentações porque raramente falam por um período superior a esse, portanto não dá tempo de o nervosismo passar. Mas se você faz apresentações regularmente e por um tempo maior, sabe exatamente do que eu estou falando.

Temos a necessidade de uma zona de conforto, que ao contrário do que dizem, é sim um lugar bom de ficar, por isso se chama zona de conforto. Quem é que não gosta de conforto? Portanto, não há nada errado em querermos ficar sempre onde e como já estamos acostumados. Aí entram a inciativa e a atitude em desafiar a nossa vontade e o nosso cérebro, que é naturalmente preguiçoso, e assim buscarmos os desafios e o novo.

Depois do período inicial da apresentação, o nosso corpo já se sente confortável no novo espaço. Para acelerar mais ainda o processo de adaptação, movimente-se no espaço, ande para lá e para cá, dessa forma vai relaxar mais facilmente. Porém, cuidado. O movimentar-se não é ficar andando de um lado para o outro freneticamente e no mesmo trajeto.

Sem dúvidas, a melhor maneira de tirar a atenção de você nos minutos iniciais, que são cruciais, é fazer uma pergunta para o público. Se vai fazer uma palestra sobre tecnologia, pergunte quem tem computador em casa, depois pergunte quem tem *tablet,* mas peça para levantarem a mão. "Agora levante a mão quem tem computador." Isso vale para qualquer tema. Crie uma pergunta relativa ao tema que irá abordar.

Quando você pede para que levantem a mão, imediatamente vão deixar de prestar atenção em você e se preocuparão em pensar na resposta para a sua pergunta, além do mais vão ficar preocupados em observarem quem está levantando a mão de acordo com a pergunta. Em seguida, aponte alguém na plateia, de preferência a pessoa que lhe parece mais desinteressada nesse início, e pergunte a ela se tem noção do tempo médio que ela fica no WhatsApp por dia. Se já se sentiu incomodada com isso.

Quando você percebe que as pessoas estão obedecendo a um comando seu, o cérebro imediatamente reage espantando a sensação de insegurança. Ele entende que você é quem manda agora. Quando você pergunta e duas pessoas levantaram as mãos, chegue mais perto, aponte para uma delas, pergunte o nome e pergunte em que situação usa cada um dos utensílios. Depois faça o mesmo com a outra pessoa. Interatividade, isso é muito importante em qualquer apresentação.

Se a sua apresentação for mais longa, faça uma breve apresentação sua e já peça para os participantes se apresentarem, um a um, de preferência vá até eles e aperte a mão. Rapidamente você terá total domínio da situação e a sua apresentação será um sucesso. Evidentemente que para isso você terá que ter cumprido as fases de preparação.

> **"A ATENÇÃO FLUTUA, TOCA AS PALAVRAS SEM SER POR ELAS ENFEITIÇADA."**
> Rubem Alves

Em relação ao tópico anterior e ao seu tema escolhido, escreva:

1. Como tirar a atenção de mim?

Eu: Vou me apresentar e já farei pergunta pedindo para levantar a mão. Pedirei para levantar a mão quem já sofreu com alguma mudança que teve que fazer, e peço para contar como foi.

Você:_____

_____

_____

2. Que pergunta faço para o público?

Eu: Quem já sofreu com alguma mudança que teve que fazer na vida, e peço para contar como foi.

Você:_____

_____

_____

3. E se ninguém se manifestar quando eu perguntar algo?

Eu: Apontarei a pessoa que tiver o semblante mais desconfiado ou retraído, perguntarei o nome, com o que trabalha e farei a pergunta direcionada a ela.

Você:_____

_____

_____

4. O que posso mostrar inicialmente para que não fiquem me olhando?

Eu: Mostro de imediato, assim que terminar a introdução com a pergunta, uma imagem de impacto na projeção que remeta ao tema mudança.

Você:_____

_____

_____

5. Se alguém, especificamente, estiver me olhando muito e me intimidando?

Eu: Vou apontar essa pessoa, elogiar o fato de ser atenta e observadora, perguntarei o nome, a profissão e farei a seguinte pergunta: O que você faria se recebesse uma proposta de emprego ganhando três vezes mais e tivesse que ficar longe da família? Vai dar uma boa discussão.

Você:_____

_____

_____

CONTE HISTÓRIA

Precisamos saber contar uma boa estória, ou história, para prendermos a atenção das pessoas. Esse é o conceito de *storytelling* e não serve apenas para roteiristas de cinema, novelistas e escritores. Qualquer professor, palestrante ou profissional que precisa falar em público deve saber contar estórias.

A palavra estória aparece em dicionários e no vocabulário ortográfico da Academia Brasileira de Letras mas não é unanimemente aceita. Há quem defenda que devemos utilizar o termo história para a narração de fatos documentados e situações reais sobre o passado da humanidade e o termo estória para a narração de fatos imaginários, de ficção. Há, também, quem condene o uso da palavra estória. Visto a palavra história abranger os dois significados, consideram desnecessário o uso do termo estória.

História e estória têm sua origem na palavra grega história. A forma estória também tem influência da palavra em inglês story. Estória é uma forma antiga da palavra história, que caiu em desuso. Era utilizada não como sinônimo de história, mas para distinguir a história de fatos reais das estórias das fábulas e contos.

O desenvolvimento da capacidade de contar uma boa história pode ajudar uma empresa a se conectar com os clientes, um produto com o consumidor, como nos *cases* da Coca-Cola, um líder com os ouvintes dele, caso do Luther King, ou alguém com seu interlocutor em uma conversa a dois.

Portanto, conte histórias envolventes e você será marcante. Já reparou que nós nos lembramos das coisas mais facilmente quando elas estão em algum contexto? Todos sabemos que compramos mais pela emoção do que pela razão e quando Martin liderou multidões, ele não disse que tinha uma ideia, nem que tinha um plano. Ele disse que tinha um sonho.

Quando a Apple faz a propaganda de um iPhone, ela não vende um celular, mas mostra que trabalhou porque queria tornar a sua vida melhor dando-lhe a possibilidade de fazer uma série de coisas que você sempre quis, mas nunca antes pôde.

Não é segredo para ninguém que Steve Jobs criou dispositivos que mudaram o mundo da computação, a indústria fonográfica e o mundo das mídias. Mas, entre tantas outras habilidades, uma das maiores estava em sua capacidade de promover apresentações incríveis dos produtos da Apple, sempre contando histórias para contextualizar a importância dos produtos.

De acordo com o psicólogo Jerome Bruner, um objeto, produto ou fato tem vinte vezes mais chance de ser lembrado se estiver ligado a uma estória. Além disso, uma boa história possui uma alta capacidade de inspirar, diferentemente de fatos ou informações isoladas e simplesmente técnicas.

Outra boa razão é que elas aguçam a curiosidade, se bem contadas, evidentemente. Fazem com que as pessoas direcionem a elas a atenção, tão disputada em meio a tantas distrações, principalmente celulares. Mais um detalhe importante é que a história é facilmente compartilhável, as pessoas contam para as outras.

Porém, não existe uma receita para uma boa história. Ela simplesmente é classificada pelo efeito que causa nas pessoas, e não por preencher uma lista de requisitos. É muito comum surgirem algumas inusitadas proporcionadas por um momento de descontração de uma palestra ou da apresentação, ainda assim, totalmente dentro do contexto, e cumprem a função de ilustrar.

Mesmo não havendo uma receita mágica, é possível perceber algumas características em comum entre as que são bem contadas. Acredito que você possa fazer uso disso para contar as suas: uma introdução, desenvolvimento e, principalmente uma conclusão interessante e relacionada ao assunto principal. É necessário que faça sentido na sua fala geral. Do contrário, olhares incrédulos e desentendidos serão direcionados a você e o efeito será contrário.

A introdução é a base da sua história. Este é o momento de localizar o personagem, o lugar, a situação em que ele se encontra antes de "algo" acontecer. Aqui já se inicia o processo de gerar empatia, *rapport*, na outra pessoa. Ela precisa se identificar com o seu herói da história.

Em quase todas que seguem o padrão, que você já sabe muito bem, o herói vence. Este é o momento de inspirar confiança e fé no seu expectador. Momento de "amarrar" a história ao tema proposto. A pessoa estará torcendo pela vitória dos heróis da sua e vai acreditar que, com todos os elementos ao seu alcance, basta a iniciativa de superar suas próprias barreiras para se livrar daquela situação.

Por exemplo, ele vai sentir que basta ter a atitude de fazer algo, ou agir de tal forma que resolverá o problema ou entenderá a importância daquilo que você propõe. Um final com a famosa "moral da história" e você será admirado pela sua capacidade de persuadir e convencer. Como diz minha filha Bruna, "Feshow".

É nesse momento que mostramos a quem nos ouve o quanto superar aquele problema mudou a vida do nosso personagem, e como ele tinha razão, afinal de contas ele é o herói. As pessoas se sentirão melhor, mais inteligentes, mais maduras, mais poderosas e mais tranquilas e em condições de provocarem a mudanças na própria vida.

É claro que é possível desconstruir a história do herói e criar novas estruturas narrativas, mas se a ideia é pisar em um solo mais firme, vale a pena tentar adaptá-lo à sua história. Proponho que você busque histórias e identifique essa estrutura que mencionei. Segue um exemplo de uma parábola que conto sempre nas minhas aulas e palestras.

Certo dia, os moradores de uma cidade chamaram Nasrudin, que era um tipo de guru, para gerar movimento no local. Como ele era considerado uma espécie meio indefinível de homem santo, pediram-lhe para fazer um discurso na praça e ele concordou. No dia marcado, o mestre subiu no lugar mais alto da praça e falou para o público que lotava o local:

— Bom dia meu povo! Vocês sabem o que vou lhes dizer?

— Não, não sabemos.

— Já que não sabem, eu vou embora, não vou falar nada.

Desceu e foi embora, prometendo voltar na semana seguinte no mesmo horário.

Na semana seguinte, quando Nasrudin chegou, havia o dobro de pessoas da semana anterior, e as pessoas chegaram cedo, já gerando um grande movimento no comércio local. Nasrudin começou a pregação com a mesma pergunta de antes. Desta vez, as pessoas combinaram de responder ao contrário, e disseram que sim:

— Sim, sabemos.

— Neste caso, não há por que prendê-los aqui por mais tempo. Se já sabem, podem ir embora. E volto na semana que vem.

Na semana seguinte, havia milhares e milhares de pessoas, como nunca havia sido visto naquele lugar. O objetivo fora atingido e o comércio nunca vendera tanto quanto naquele momento. O mestre começou com a mesma pergunta de antes. Só que os presentes, já sabendo do acontecido anteriormente, combinaram de parte responder que sim, e parte responder que não sabia.

— Vocês sabem o que vou falar para vocês aqui hoje?

Metade respondeu que sim e a outra metade disse que não.

— Excelente — disse Nasrudin. — Então, aqueles que sabem contem aos que não sabem.

Saiu do lugar escoltado, logicamente, e nunca mais voltou lá, mas o objetivo fora atingido e o lugar continua sendo visitado por muita gente.

Moral da história:

Utilize todos os recursos disponíveis para atingir a sua meta. Use todas as técnicas que você tem. O mestre Nasrudin tinha como meta atrair pessoas para o lugar, fora chamado para isso. Ele atingiu o objetivo plenamente. E você, tem feito tudo para atingir as suas metas? Tem cumprido o plano de ação como programado?

Achou interessante a história de mestre Nasrudin? Na internet tem muitas outras dele, personagem que teria vivido no século doze na região onde hoje é a Turquia. Outra estratégia bem interessante é a de contar as próprias histórias, situações pelas quais você passou. Neste caso, o herói será você, por mais que seja derrotado algumas vezes, ainda assim se apresentará como vencedor. É possível encontrar elementos emocionantes e gatilhos de sentimento que vão fazer com que o seu público se sinta ainda mais próximo de você e se identifique com aquilo que você faz, ou melhor, com o motivo de você fazer aquilo que você faz.

Independentemente de qual seja a história, ela precisa estar contextualizada e completa. Não vá contar história que não tenha nada a ver com o tema só para "encher linguiça" ou aparecer. Lembre-se: você não tem que ser mais importante que o tema apresentado. Atuei, e ainda atuo, como mestre de cerimônias e é um trabalho interessante, pois, nesse caso especificamente, o profissional deve aparecer menos ainda, deve ser discreto, afinal de contas está ali somente para anunciar parceiros, organizadores e as atrações principais. É necessário estar bem apresentável, ao mesmo tempo que deve ser discreto.

Não deixe nada nas entrelinhas. Seja específico e conclusivo. É necessário que haja valores envolvidos e seja de fácil assimilação. O ouvinte precisa imaginar facilmente a situação narrada na história contada. E que seja curta, mesmo que os detalhes sejam importantes para trabalhar mais com o imaginário de quem escuta. Faça o teste contando e gravando, depois ouça para ver se está envolvente e convincente. Olha o treinamento aí, sempre importante.

> **"E NOSSA HISTÓRIA NÃO ESTARÁ PELO AVESSO ASSIM SEM FINAL FELIZ, TEREMOS COISAS BONITAS PARA CONTAR."**
> **Legião Urbana**

Em relação ao tópico anterior e ao seu tema escolhido, escreva:

1. Quantas histórias, como a exemplificada no tópico, você sabe contar, independentemente da apresentação?

Eu: Sei contar umas trinta parábolas e histórias interessantes. Nessa apresentação, posso aprender a contar umas duas diferentes relativas a mudanças. E vou treinar contar, gravando e avaliando para que na hora eu consiga prender a atenção.

Você:_____
_____
_____

2. O que pode fazer, e em quanto tempo pode aprender a contar o dobro das histórias que sabe atualmente?

Eu: Como já sei muitas, vou aprender a contar duas novas para essa apresentação especificamente.

Você:_____

_____

_____

3. Qual das histórias que já sabia poderá contar nesta apresentação?

Eu: Acredito que a da "Ratoeira na fazenda", aquela do ratinho que ficou preocupado com a ratoeira, seria de fácil contextualização ao tema mudança. A do "Cão uivante" também seria boa, o cachorro que ficava deitado na tábua com pregos e uivando.

Você:_____

_____

_____

4. Qual das histórias novas que aprendeu poderá inserir para que a sua apresentação seja mais interessante?

Eu: Acabei de aprender uma nova, "A canoa quebrada". Depois contarei lá no YouTube para verem que aprendi mesmo.

Você:_____

_____

_____

5. Quais contará nesta apresentação?
Eu: Contarei a nova da "Canoa quebrada" e a do "Cachorro uivante". Deixarei a do ratinho de fora... Tem uma outra muito boa, "Empurre a sua vaquinha", do sábio que pede para o discípulo empurrar a vaquinha da família pobre no precipício.

Você:_____

_____

_____

O Persuadez dará segurança

Ao longo de quase três décadas atuando como comunicador e desenvolvedor de pessoas, boa parte deles em contato com verdadeiros e convincentes líderes e formadores de opinião, observei algumas características e fatores que essas pessoas consideram importantes para o sucesso. Elenquei essas características e situações e, a partir daí, transformei-as em uma importante e eficaz ferramenta para crescimento pessoal.

O nome dela, uma tabela, é *Gerenciador do Produto Eu – GPE*, que está no meu livro *Marketing Pessoal: Onde você está? O mercado quer te encontrar*. Na tabela, em uma escala de um a dez o leitor vai dando notas para cada uma das situações, e, a partir dessas notas, observa os tópicos em que ele mesmo se deu nota baixa e começa a trabalhar esses aspectos.

Sugiro que, a partir de um plano de ação bem elaborado, o cliente repita o exercício a cada três meses. O resultado é uma incrível ascensão no aspecto qualidade de vida, já notável na segunda avaliação. Uso esse recurso tanto para clientes de coaching quanto de mentoria, com resultados semelhantes. E os leitores que adquiriram o livro e tiveram disciplina para promover as mudanças necessárias, mesmo sem o meu acompanhamento, também apresentaram transformações incríveis, constatação feita a partir dos relatos de alguns deles.

Entenda o Persuadez como algo parecido, analise o seu desempenho em cada um dos dez critérios que considero preponderantes para a comunicação com excelência, trabalhe os pontos a serem melhorados, alguns com simulações, e poderá observar na prática a melhoria da sua performance. Acredite, se considerar todos os pontos abordados acima, terá a segurança de uma criança nos braços dos pais.

Não me esqueço do sorriso com gritos eufóricos da minha filhinha Bruna quando eu a arremessava para cima, jogando-a no ar. Ela não tinha nenhum medo, confiava plenamente em mim e os seus dentinhos miúdos e separados ficavam todos à vista quando ela estava solta no ar com o seu pijaminha rosa esfuziante. Como eu queria fazer isso de novo!

Ainda havia a parte em que ela me agarrava na barra da calça para que eu a pegasse, e a mãe dela insiste até hoje que eu tentava me desvencilhar dela, o que não é verdade. Hoje é meio difícil jogá-la para cima, pegá-la na queda mais ainda, pois aos 25 ela não tem logicamente o mesmo peso de quando tinha quatro anos.

A segurança que a Bruninha tinha de que eu a pegaria na queda é a que você terá ao se preparar adequadamente para a sua apresentação. Seguindo as sugestões que proponho no Persuadez, a plateia vai segurar você nos braços, interagindo e aplaudindo sincera e naturalmente ao final da apresentação.

> "A estruturação"

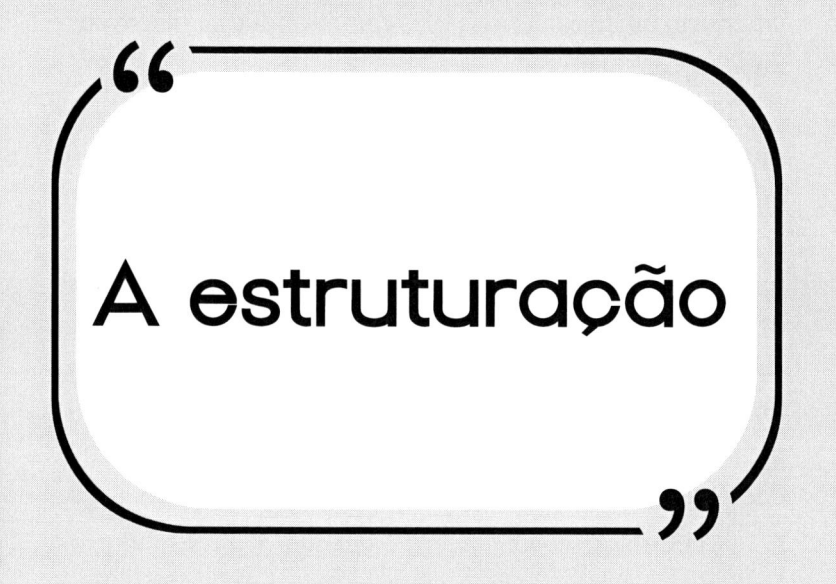

Certa vez perguntaram a um pastor, exímio orador, como ele conseguia organizar tão bem as suas pregações. Ele falou o seguinte: "Primeiro eu digo o que vou dizer, depois eu digo e para finalizar eu digo o que eu disse." Bom, e o que exatamente ele quis dizer com isso? Que ele tem critério ao organizar as suas falas com introdução, desenvolvimento e conclusão.

Na introdução, os ouvintes terão uma noção geral do assunto, preparando-se para ouvi-lo e poderem analisá-lo. É o momento em que são apresentados os objetivos da exposição, os conteúdos a serem expostos, relacionando-os aos conhecimentos anteriores dos ouvintes e explanando possíveis formas de utilização, verificando também se os ouvintes têm o domínio dos pré-requisitos necessários à compreensão do tema. Dessa forma, saberá a linguagem a ser utilizada, embora o conhecimento do perfil do público deva ser feito previamente. A introdução pode durar de cinco a dez por cento do tempo total fala.

A fase do desenvolvimento é quando o apresentador irá fazer toda a exposição do assunto que ele estudou. Para fazer isso com qualidade, ele precisa ter um esquema de apresentação, com roteiro e os tópicos a serem abordados. O mais comum é que esse roteiro esteja em *slides*. Não é necessário se preocupar dramaticamente em dizer tudo o que preparou. Os oradores experientes sabem que do que preparam falam em média 70% a 80%, o restante é improvisação e adaptação ao ambiente e ao público. É muito importante que haja interação, e isso faz com que o tempo passe rapidinho.

O desenvolvimento deve ter explanações claras, com teoria e exemplos. Quanto mais recursos forem utilizados, melhor será a compreensão da plateia. A voz deverá variar de volume, a postura e os gestos devem reforçar a fala e o máximo de espaço disponível deverá ser usado. O palestrante não pode ficar estático. Ao movimentar-se, o público também irá fazê-lo, acompanhando-o com os olhos.

As perguntas são ótimas estimulantes para o público. Faça-as. Se ninguém responder, aponte uma pessoa para dar uma resposta qualquer, de preferência alguém que estiver mais disperso, assim todos os outros prestarão mais atenção, na expectativa de serem chamados a participar a qualquer momento.

A fala deve ser com naturalidade e espontaneidade para ser entendida. Muitos cometem o erro de falar difícil pensando que dessa forma passarão a imagem de que são inteligentes e dominam o assunto. O conhecimento só terá valor se puder ser repassado. Do contrário, não faz sentido. Devemos usar palavras simples, comuns, adequadas ao tema, ao grupo e ao momento.

Jamais passe uma informação errada, não é vergonha dizer que não sabe. Comprometa-se a pesquisar e fornecer a resposta precisa em outro momento. Ninguém é obrigado a saber tudo, todos os dados, todos os nomes, por mais que sejam pertinentes ao assunto. No site da revista *Exame*, encontrei uma organização de apresentação que resume e "lacra". As dicas foram elencadas na sequência ideal e corroboram o que eu imagino e estudei até hoje sobre o tema oratória e comunicação em público.

Comece e termine forte

Há diversas maneiras de começar conquistando a atenção da plateia. É possível começar pelo fim, olhar para o passado, projetar um futuro, fazer uma piada ou pedir que as pessoas façam algo (pedir para levantarem a mão, lembram?). E ilustrar o seu ponto de alguma maneira, seja com uma história (*storytelling*) ou uma anedota (cuidado com as de duplo sentido), pode ser o melhor caminho.

De acordo com os autores de *Made to Stick: Why Some Ideas Survive and Others Die* (Por que algumas idéias sobrevivem e outras morrem), um estudante médio usa várias estatísticas durante uma apresentação e apenas um entre dez conta uma história. Depois da fala, no entanto, 63% do público se lembra das histórias enquanto apenas 5% se lembram de estatísticas individuais. Uma boa história, portanto, pode ser um bom jeito de iniciar uma apresentação. Vejam por que valorizo tanto esse quesito.

Da mesma forma, é importante ancorar conceitos e estatísticas, se quiser, em exemplos claros e memoráveis, para que a mensagem se mantenha na mente das pessoas. Paradoxalmente, foi usada a estatística para provar que o *storytelling* é extremamente relevante. A comunicação, com suas nuances e possibilidades, não é fantástica?

Segundo os autores de *The New Articulate Executive: Look, Act and Sound Like a Leader* (O novo executivo articulado: olhe, aja e soe como um líder), também há diversas maneiras de concluir bem um discurso além do storytelling. Você pode, e deve, por exemplo, resumir os pontos-chave, retomar o que disse inicialmente. Note que não é preciso começar e terminar enfaticamente, mas as maneiras de fazer um ou outro são parecidas. Não é por acaso, funciona. Não se esqueça de deixar fontes para o seu público buscar mais informações, e suscite esse desejo.

Tenha um tema central

No processo da estruturação, tudo o que virá a seguir será em desenvolvimento, ou seja, a parte da apresentação que não é o início nem o final. Nesse ínterim, podem ser utilizadas também as técnicas sugeridas para abertura e encerramento sem problemas, porém é no desenvolvimento que você dará mais profundidade e "corpo" ao tema.

Não perca de vista a mensagem principal que você quer passar, atenha-se a ela e deixe-a clara para o público. Assim, mesmo que você perca a linha de raciocínio sem querer — o assunto desvia às vezes, sobretudo quando a apresentação está descontraída —, vai ficar mais fácil retomá-la.

Em outra TED Talk (adoro esse formato) viral, Nancy Duarte apresentou análises estruturais de discursos de grandes oradores, como Martin Luther King Jr., Steve Jobs e Abraham Lincoln. Procure na internet e confira, vale o play. O resultado é um formato das apresentações de excelentes oradores, que envolve intercalar o presente, o que existe, e o futuro, o que poderia ser. Sempre obedecendo a uma espinha dorsal, que é o tema central. Tudo o mais que você utilizar dever ser contextualizado.

O controle da velocidade e do tom da voz passam uma sensação de autoconfiança para o público, assim como baixar seu tom no final de uma frase transmite poder. Também cheque se você está respirando fundo e exalando pelo nariz, duas coisas que ajudam o corpo a se manter calmo e em equilíbrio.

Posso ouvir meu professor de ioga falando: "Sinta o ar entrando nos seus pulmões, solte 'beeeem' devagar."

Ir rápido demais no conteúdo que você planejou passar é uma armadilha comum, e pode deixá-lo com um tempo de sobra que você vai passar maus bocados para conseguir preencher. Oradores profissionais são deliberadamente lentos ao entregar o conteúdo. Não de forma que incomoda, claro, mas em um ritmo que vai encorajar todos na sala a prestarem atenção e aguardarem por cada última palavra da frase. Importante demais esse aspecto. Lembrem-se do saborear as palavras.

Da mesma forma, saiba usar o silêncio a seu favor. Controle sua vontade de falar sem parar e preencha cada silêncio entre uma frase e outra com um reforço das expressões faciais. Silêncios são bons! As pausas são essenciais para dar um bom ritmo ao seu discurso, e você não deve evitá-las.

Existem dois grandes problemas de entonação que prejudicam uma apresentação em público: *uptalk* (quando as suas afirmações soam como perguntas) e vocal *fry* (quando a voz fica baixa e falha, principalmente no final das frases). Para Allison Shapira, professora de Harvard, o segredo para contornar esses obstáculos é respirar fundo. Olha ela aí de novo, a respiração. Nas páginas do meu livro *Gratidão*, ela estará muito presente.

E essa tal respiração profunda? Ela explica: "em pé, coloque uma mão sobre a barriga e uma mão no peito. Inspire profundamente, percebendo o que se move mão. A maior parte das pessoas, quando respira, levanta o peito para cima e para baixo. Mas eu quero que você mantenha o peito firme e tente levar a respiração para a altura do estômago quando estiver inspirando. Em seguida, expire lentamente, como se estivesse deixando o ar sair devagar de um balão".

Chamo atenção para um aspecto: ninguém sabe tudo. Caso a sua fala inclua uma sessão de perguntas e respostas, é importante estabelecer isso. Caso alguém pergunte algo que você não sabe, confesse e pergunte o que ele acha sobre o assunto. Deixar o clima mais informal também é uma maneira de fazer com que os ouvintes fiquem menos passivos e elimina a distância entre o palestrante e o público.

As pessoas tendem a ficar do lado de quem está em dificuldade, ou pareça fragilizado e vulnerável, e convenhamos, não saber uma resposta dentro de um tema sobre o qual você está explanando é uma vulnerabilidade. Repito, não há nenhum problema nisso e o público perdoará qualquer erro, desde que ele não seja supervalorizado ou potencializado.

No livro *Slips, Stumbles, and Verbal Blunders, and What They Mean* (Escorregões, tropeções e erros verbais e o que significam), o autor Michael Erard escreve que erros de fala como gaguejar, esquecer, errar os sons, por exemplo, ocorrem, em média, uma vez a cada dez palavras. Se as pessoas falam em média quinze mil palavras por dia, são 1.500 erros verbais diários, escreveu. Se você está se expressando verbalmente para uma plateia, você vai errar. A diferença entre o pequeno e o grande comunicador está na forma como ele vai lidar com os erros que irão acontecer.

Errou? Siga em passos firmes. Gosto dessa frase, criada por um publicitário em uma campanha de reeleição de um candidato a prefeito cliente nosso. Essa frase me resume de maneira tal que se tornou a cultura da minha empresa e da minha vida.

A conclusão será um resumo de tudo o que foi dito. Deixe para as pessoas dicas de onde podem buscar mais informações sobre o tema, faça um questionamento final para instigar a busca posterior. Use uma citação de uma autoridade ou um pensador que remeta a uma análise mais profunda sobre o assunto. Manifeste sua satisfação de ter falado para aquele público, e passe os seus contatos.

Por que a estruturação será importante para a sua apresentação?

_____

_____

_____

"A leitura"

É necessária postura para ler em público. Segure o papel com elegância, não pode ser muito baixo para não dificultar a leitura, nem muito alto, para que não encobrir o seu rosto da plateia. Se a folha de papel servir apenas como um roteiro numa apresentação, não precisa ficar olhando para ela o tempo todo. O papel poderá ficar no seu bolso ou sobre uma mesa, local que seja de fácil consulta quando terminar um tópico e for passar para o seguinte.

Ao preparar o texto, formate de maneira que as letras fiquem grandes, fonte tamanho 16 ou 18, e haja um espaçamento maior entre as linhas. Isso certamente facilitará a sua leitura. Se o nervosismo faz com que aconteça aquela "tremidinha" nas mãos, é muito importante apoiar a folha, assim o público não perceberá o seu nervosismo.

Sublinhar ou marcar de alguma forma as palavras que merecem uma inflexão especial da voz fará com que consiga imprimir mais emoção na leitura. Uma professora de teatro minha usava muito a expressão "saborear as palavras". Na prática, se for falar "amor", por exemplo, a sua voz precisa transmitir amor, se for falar "paz", a mesma coisa. Evidentemente que será uma entonação bem diferente de quando diz "raiva" ou "guerra". Uma boa dica para desenvolver essa habilidade é escolher várias palavras e treinar a interpretação delas.

"As experiências com leituras malfeitas são tão comuns que basta um orador aparecer com um discurso nas mãos para que a plateia comece a se desinteressar antes mesmo de ele iniciar a apresentação." Essa afirmação do mestre em Comunicação e uma das principais autoridades no assunto no Brasil, Reinaldo Polito, nos dá a exata noção do que ocorre nos eventos.

Polito fala de uma história que foi contada pelo jornalista Heródoto Barbeiro: "Certa vez, quando o ex-governador de São Paulo Adhemar de Barros visitava uma pequena cidade do interior do Estado, ao sentir que o prefeito local se preparava para ler uma saudação, não se conteve e, retirando rapidamente as folhas das mãos do assustado orador, disse-lhe que não precisava se dar ao trabalho, porque ele gostaria de ler o discurso com calma, no aconchego do seu lar." *Kkk*. Sensacional!

Essa atitude se assemelha com a do vice-presidente José de Alencar, no evento do qual participei e que escrevi anteriormente no Livro *Marketing Pessoal: Onde você está? O mercado quer te encontrar*. Polito diz ainda que para que você possa fazer uma boa leitura, deverá desenvolver e aprimorar algumas técnicas básicas e se dedicar a um árduo treinamento. Para que saiba do trabalho que deverá enfrentar para dominar a técnica da leitura, talvez seja suficiente dizer que o tempo destinado ao preparo da apresentação de um discurso lido é praticamente o mesmo que seria gasto com um improviso planejado.

Lembra-se daquela pessoa que fez a leitura na igreja quando você foi? Ela olhou para as pessoas enquanto lia? Provavelmente não olhou ou olhou de forma inadequada e superficial para os que assistiam ao culto ou à missa. Você deve ter observado que alguns não tiraram os olhos do papel hora nenhuma. "Parece até que conversavam com o papel, e não com o auditório enquanto liam", diz o mestre Polito.

Mesmo alguns que tenham o conhecimento da técnica da comunicação visual, mas ficaram apenas na boa vontade, sem ter treinado, parecem idiotas quando leem à frente. Idiota é uma palavra pesada? Não é, pois se você não tem conhecimento de uma técnica não poderá usá-la, mas ter o conhecimento e não usar adequadamente é bobeira.

Para que sua leitura seja correta, você não precisará olhar para os ouvintes o tempo todo, nem é possível, mas deverá ter comunicação visual com eles durante as pausas mais prolongadas e no final das frases. É simples, olhe para o público ao dizer as duas ou três últimas palavras de cada frase ou as que precedem as pausas mais expressivas. Simples assim. Mais uma vez, afirmo a necessidade de você condicionar o seu cérebro para isso, lendo frequentemente qualquer tipo de texto, não importa.

Quanto mais você olhar para a plateia, mais interessante será a sua apresentação. O objetivo da comunicação visual durante a leitura é fazer com que as pessoas se sintam parte da apresentação, é perceberem de fato que a leitura é para elas. A dica do Reinaldo é que você treine a leitura de dez a quinze vezes, a não ser que já tenha muita experiência nesse tipo de apresentação. A sua prática é que determinará a necessidade de treinar mais ou menos e também o sucesso do projeto. Na era do *kkk*, se você não colocar em prática as técnicas da comunicação visual, as pessoas ficarão no Whatsapp, Instagram e similares enquanto você dialoga baixinho com a folha.

Considere que o cérebro é uma ferramenta que vai se desenvolvendo a partir de repetições de execuções das ações. Assimilou algo? Repita para fixar. Fixou a palavra e a inflexão? Parta para outra no mesmo texto e repita da mesma forma. Quanto mais praticar a leitura, mais depressa o seu cérebro captará as palavras impressas no momento da leitura em voz alta para a plateia, ao ponto de você lê-las mentalmente mais rápido que conseguirá expressá-las verbalmente.

É essa condição que fará com que você pratique e execute a técnica de olhar com segurança, nos momentos indicados, para a sua plateia. Mais uma vez, leia muito, leia sempre, pratique a leitura, e não estou falando de ler filosofia. Qualquer que seja o seu interesse, leia a respeito, assim, estará treinando permanentemente o cérebro.

Agora, invertendo as posições e analisando pelo viés do público, o psicólogo Daniel Kahneman, vencedor do Nobel e autor de *Rápido e devagar: duas formas de pensar*, diz que o cérebro humano se lembra de apenas duas coisas sobre um evento: o ápice emocional, seja ele bom ou ruim, e o fim. Portanto, impacte de forma positiva emocionalmente.

Essa regra neurológica cria um resumo mental sobre a experiência, que os seres humanos resgatam quando pensam como foi aquele momento e como se sentiram. Essa lembrança influencia quando a pessoa decide se quer, ou não, ter aquela experiência novamente. Garanta que a resposta seja sim para voltar a assistir uma apresentação sua.

De acordo com Kahneman, a duração da experiência ou a proporção de prazer e desprazer influenciam pouco no resumo. Ou seja, mesmo que você tenha gaguejado dez vezes e seus *slides* não abriram (não demonstre irritação), se o ápice emocional e o fim da sua fala forem bons, o resultado também será. Independentemente do que acontecer, olhe com firmeza para as pessoas que estão assistindo. Ora dirigindo-se a uma, ora a outra pessoa.

E, sem dúvidas, o fator mais importante na leitura em público é a comunicação visual, o olhar para o público. Para que isso aconteça, é importante fazer pequenas marcações no texto e treinar muito. Comece praticando olhar quando tiver ponto final, interrogação ou exclamação no texto. Não olhe apenas para a frente, olhe para um lado, na pausa seguinte olhe para outro lado e assim vai.

As pessoas só perceberão que a leitura está de fato sendo para elas quando você olhar para elas. Isso é comunicação visual. Prestarão atenção em você e não farão atividades paralelas à sua leitura. É muito comum conversas paralelas enquanto alguém faz uma leitura em voz baixa, sem emoção e olhando somente para o papel. Preocupe-se também em dar projeção à sua voz, que deve ser clara. Abra bem a boca para pronunciar as palavras.

O que você fará para melhorar a leitura em público?

_____

_____

_____

"A câmera"

Aparecer em frente à câmera é algo que tem se tornado cada vez mais comum para qualquer pessoa, não somente em ocasiões como festas ou outros eventos sociais, mas também em ambientes de trabalho, para reuniões através de videoconferências ou até mesmo divulgar uma empresa. Se você ainda não passou por uma situação assim no seu emprego, é importante que esteja preparado para evitar problemas e passar uma boa imagem quando o momento chegar.

Com o advento das mídias sociais como Facebook, Instagram, WhatsApp e o sucesso dos chamados *youtubers e blogueiros*, está cada vez mais comum o uso de filmagens para divulgar produtos e projetos ou mesmo nos comunicarmos. Hoje em dia, os *smartphones* facilitam a vida e estimula as atividades com câmeras. Não se intimide, entre na "onda".

Os vídeos cumprem diversos papéis, desde entretenimento, reuniões de trabalho, fontes de informação e conhecimento sobre os mais variados assuntos. Responda-me uma coisa, pare para pensar um pouco: quantos vídeos você já assistiu hoje? Dentre eles, naqueles em que havia pessoas falando, como foi a performance de quem falou?

As grandes empresas e organizações já passaram a incorporar essa ferramenta no seu dia a dia, seja realizando e gravando conferências para equipes internas, seja criando vídeos para apresentar a própria marca, um projeto ou novos produtos. Se você ainda não precisou gravar um vídeo neste contexto, ainda poderá fazê-lo em breve.

Por essas e outras razões, saber falar diante das câmeras acaba sendo uma habilidade importante para profissionais das mais diversas áreas. Você precisa conhecer as técnicas básicas para gravação de vídeo. Minha cliente Aparecida Guimarães, dentista séria, respeitada e sistemática, tinha resistência a esse formato de comunicação e ainda tem algumas restrições, não se sentindo totalmente à vontade para essa ação.

Ela faz por acreditar que o novo mercado exige essa presença virtual, desde que faça parte de um contexto e de um planejamento. "A necessidade está impondo essa ação. Estou fazendo, as pessoas estão gostando e tenho que ficar cada dia mais à vontade e aperfeiçoar sempre. O mercado mudou, precisamos mudar", afirma ela.

"Não entendo da técnica, mas considero importante a escolha do tema, que faço a partir da minha experiência com os meus pacientes e as suas dúvidas mais frequentes. Parto da premissa de que se são dúvidas deles, podem ser dúvidas de outras pessoas que me seguem nos meus canais. Em seguida, faço um roteiro, treino e vou para a ação. Os erros são comuns, errei, faço novamente, até ficar bom."

Ela afirma ainda que não é possível fazer uma boa gravação, que tenha conteúdo, informação útil e ao mesmo tempo que seja interessante de ser vista, sem ter um roteiro e foco total na hora de gravar. Aparecida sempre trabalha sob orientação de profissionais de comunicação para aumentar a assertividade. Ainda assim, os bons resultados dependem dela, do próprio engajamento no projeto. Os resultados podem ser vistos no Facebook e Instagram da dentista, "Diga sim para o sorriso".

Falar para as câmeras tem algumas particularidades que precisam ser observadas. Nem sempre comunicar bem em público é sinônimo de falar bem diante das filmadoras ou celulares. Comunicar-se bem com os demais é uma habilidade que, quem a desenvolve, consegue aplicar nos mais diversos contextos. Ainda assim, quando "miram" uma filmadora para o seu lado, será diferente.

Inquestionável o fato de que aqueles que já conhecem as técnicas de comunicação e expressão, e sabem como usar essas ferramentas, têm mais facilidades para produzir bons vídeos, mas ainda precisarão conhecer outros conceitos pensados para a gravação de imagem e som.

Importante ter isso em mente. Muitos pensam que ser um bom comunicador em apresentações em público faz com que sejam automaticamente capazes de se saírem bem diante das câmeras. Se para cada apresentação é necessária preparação específica, para cada formato de comunicação também. E, depois de conhecer as técnicas, cada vídeo também exigirá uma preparação pontual.

Nas apresentações em público, o cenário é o palco. Mesmo que o comunicador precise definir onde e como irá se locomover, há diferenças consideráveis com o que se deve levar em conta para fazer bons vídeos. A palavra enquadramento define bem essa parte. É possível que tenha um produtor para orientar, mas isso não ocorrerá nos seus vídeos caseiros ou *lives*.

Concedi uma entrevista para a TV Integração, afiliada da Rede Globo, e o produtor, infelizmente não me recordo o nome dele, que também era o cameraman, ou repórter cinematográfico, nome técnico, pediu para que o Tiago, repórter entrevistador, e eu, mudássemos várias vezes de lugar, já que era uma externa, nome dado às entrevistas fora do estúdio.

"Hoje em dia, o cenário de vídeos considerado mais eficaz é aquele com aspecto 'limpo', ou seja, sem poluição visual", segundo o site *speaker.com*. Ou seja, com pouca coisa ou quase nada que possa desviar a atenção de quem assiste. O enquadramento e o cenário do seu vídeo devem levar em consideração o contexto e suas intenções ao gravar. Às vezes, o cenário será um reforçador importante do conteúdo do vídeo. Ainda assim, sempre haverá um enquadramento melhor que outro.

O comunicador será o centro do enquadramento do vídeo. Correto. Por isso, também é preciso ter atenção quanto à imagem que transmitimos. Sendo assim, pensar em que roupa usar e manter uma postura ereta são cuidados essenciais para falar diante das câmeras. Por mais que hoje seja comum que os vídeos sejam feitos em formato de *selfies* também, sua imagem precisa estar em concordância com o conteúdo que você deseja passar.

A roupa, olha ela aí de novo, da mesma forma que o cenário, não pode chamar mais atenção do que o conteúdo da sua fala. E também deve estar de acordo com os objetivos do vídeo, respeitando o grau de formalidade e as exigências do público-alvo. Se é vídeo de férias, para amigos, o contexto é outro, sem formalidades, ainda assim, cuidado com os excessos.

Nas apresentações em público, um dos erros mais prejudiciais é, sem dúvidas, ler a nossa fala. Fica totalmente frio, sem emoção, e não vai atrair a atenção de ninguém. O *teleprompter* é coisa de televisão ou estúdio profissional, ainda assim deve ser evitado.

Esses dispositivos, usados nos telejornais, acabam sendo cômodos porque mostram o texto ao comunicador. Para ficar claro para quem não é do meio, e falando de maneira simples, o *teleprompter* é um recurso em que o texto aparece na lente da filmadora, assim você vai ler na própria câmera, não precisando desviar o olhar.

"Pelo 'amooooor' de Deus", como diz minha amiga Débora, não use letreiros em cartazes. Assim, além de ficar totalmente artificial, pois estará lendo, ainda terá contra si o fato de não olhar diretamente para a lente da câmera. Resultado final: vídeo xoxo, sem graça, nada interativo e que ninguém vai querer ver.

Um dos meus vídeos no YouTube é *Como falar para as câmeras*, em que falo sobre os procedimentos ideais. Perguntei a você quantos vídeos já havia visto hoje. Muitos deles foram fechados imediatamente depois de abertos por que não prenderam a sua atenção. Prenda a atenção das pessoas para as quais você se propõe a falar, do contrário, assim como você, elas simplesmente fecham a janela e assistem a outro vídeo, não é? Na *web*, são muitos os atrativos e as pessoas têm pouca paciência para assistir ao mesmo conteúdo até o final, a não ser que seja verdadeiramente interessante.

Por essa razão, é preciso ganhar a atenção das pessoas em cada fala, pensando em estratégias visuais e sonoras para tornar o vídeo ainda mais interessante. Quando pensamos nas possibilidades dos vídeos, usar técnicas visuais e sonoras é uma enorme vantagem. Saiba como usá-las e não se esqueça: seu público pode fechar a aba a qualquer momento, deixando de assistir ao seu vídeo até o final no caso de publicações profissionais.

O mais importante é você interagir com a câmera como se estivesse interagindo com uma pessoa. Isso mesmo. Trate a câmera como se ela fosse uma pessoa, com sorriso, simpatia e naturalidade. Postura é outro aspecto importante que você deve considerar para aparecer bem em vídeos. Câmeras normalmente exageram a realidade e, caso você fique torto em frente a ela, passará uma impressão de falta de interesse. Portanto, elegância se for uma situação séria, mas brinque à vontade se for um vídeo descontraído e festivo.

Se for um vídeo artístico ou produzido, você poderá impostar um pouco a voz, como se estivesse criando um personagem. Caso contrário, sua voz deverá ser natural, deve falar da maneira que você normalmente fala, e assim causará boas impressões. Dê atenção especial à dicção e ao tom, e, principalmente, projeção à sua voz. Falamos sempre em naturalidade, mas se a sua voz é baixa, procure trabalhá-la para que transmita mais confiança e melhore a sua comunicação.

Em quem poderá se espelhar para melhorar sua interação com as câmeras? Por quê?

_____

_____

_____

"O microfone"

Até quem é experiente já "tremeu nas bases" quando usou o microfone nas primeiras vezes. E as razões são variadas, incluindo algumas de ordem prática, como o despreparo dos anfitriões, que vemos ocorrer muitas vezes, e se traduzem em trapalhadas depois que o evento já começou. O palestrante já está lá na frente e o espaço lotado, o som não sai por todas as caixas, a localização delas gera diferenças ou ecos, o deslocamento natural do orador gera microfonia, o palestrante não tem retorno do seu áudio. Olha a importância dos testes antes, reafirmo.

Mesmo possuindo todas as qualidades técnicas, o microfone, muitas vezes, é visto como terrível inimigo, acentuando ainda mais o "trac" no apresentador. O microfone de pedestal é muito comum nos auditórios.

Deve-se inicialmente verificar como funciona o mecanismo da haste onde o microfone se sustenta e se existe regulagem na parte superior onde ele é fixado. Sempre há.

Teste a sensibilidade do microfone para saber a que distância deverá falar. Indico por experiência a distância de cinco a dez centímetros, dependendo do equipamento da sua voz e até da quantidade de pessoas que estão no espaço. Sempre que for possível, converse com o técnico de som responsável. Isso deve acontecer antes, viu? Bem antes, para o caso de ter que substituir alguma peça ou uma simples bateria para o caso do sem fio.

Peça a ele sugestões com relação ao uso do equipamento. Ele o conhece melhor que você, embora a autoridade no seu assunto seja você. É ruim de dizer, mas se você não criar afinidade com o responsável técnico do lugar ele pode minar a sua apresentação, e pior, às vezes propositadamente. Isso acontece por uma razão bem simples, por empáfia do orador, que se acha em alguns casos melhor que os outros profissionais envolvidos nos processos.

Sim, ao deixar de tratar um profissional com o devido respeito, poderá ser forçado por ele a solicitar ajuda da pior forma possível e quando "a vaca já estiver indo para o brejo" diante do público. Tudo é uma grande engrenagem e se uma das peças vai mal, todo o resto poderá ir junto. Se por algum motivo alguma coisa ainda der errado mesmo com tudo preparado antes, aja e resolva o problema com naturalidade. A vulnerabilidade é entendida pela plateia, não se esqueça.

Nas palestras maiores, costumo usar o meu próprio microfone, auricular, para ter ganho na comunicação corporal. Esse equipamento, também chamado de *head-set*, é preso na cabeça ou na orelha e tem uma haste que o sustenta até a boca. Que beleza! Posso me movimentar pelo espaço todo. Nesses mesmos formatos de evento, levo mais pessoas comigo: o meu próprio técnico e sonoplasta, que vai fazer as averiguações técnicas e conexões de equipamentos, e uma secretária, que cuida da distribuição de material e vendas de livros.

O sonoplasta é o profissional responsável pela musicalidade da palestra. As músicas mudam de acordo com o tema da apresentação, tendo momentos de mais volume ou outros em que surgem sutilmente embaixo da minha voz para provocar uma emoção diferente da plateia em relação ao assunto do momento. A música, e o poder da música. Somada às inflexões corretas da voz, provoca reações extraordinárias na plateia. Levo muitas coisas da época de radialista para as minhas apresentações e treinamentos.

Está bem claro que me cerco de todos cuidados, certo? Ainda assim, a bateria ou pilha, como alguns chamam, do meu microfone auricular acabou no meio da palestra. Olha a vulnerabilidade aí. Sou daqueles que transformam o limão em limonada. O Roney, meu técnico no dia, já olhou preocupadíssimo de longe. Todo o trabalho havia sido feito, os testes e a conferência, se havia uma bateria de reserva, sempre tem e ela estava lá.

Sem falar nada, retirei o equipamento, abri os braços sorrindo e levei o equipamento até ele ao mesmo tempo em que continuava falando, mas a partir daquele momento com o volume da voz aumentado, já que ficaria provisoriamente sem o equipamento. Eis que o provisório virou permanente (*KKK*). Ao trocar a bateria, ele verificou que ela estava sem energia, embora fosse nova.

Fez sutilmente um gesto de onde estava avisando que eu não teria mais o microfone. Já haviam passado alguns minutos e, como eu mantive o ritmo da fala, que estava envolvente, o problema se tornou secundário e irrelevante para quem estava ouvindo. Isso que importa. Para isso, em momento nenhum eu reclamei nem potencializei o problema, não falei nada sobre o assunto, nem quando o microfone calou, continuei absolutamente natural.

Tirando o fato de eu ter que me movimentar muito mais pelo salão e me posicionar mais ao centro para que todos ouvissem com qualidade a minha voz, e a questão de ter que projetar mais a voz, tudo foi bem. E de lição ficou que o carregamento de baterias deve ser comprado no dia, e o jogo de pilhas que estiver no equipamento deve ser trocado antes de toda palestra.

Os cuidados com esse microfone são muito similares aos de lapela, devido à alta sensibilidade. A diferença é o cuidado que se deve ter com relação à distância da boca para não haver estouros, sibilações e outros problemas. Mas a questão da bateria nova antes de toda apresentação serve para todos os equipamentos que necessitam dessa energia.

Ao microfone, fale. Não grite. Haja como se estivesse conversando com um grupo de amigos. Quanto mais conversada a sua palestra, melhor. Isso não quer dizer que deverá falar baixinho, sem energia. Ao contrário, transmita a sua mensagem animadamente, com vibração, como deve ser a apresentação independentemente do microfone.

Caso seja preciso segurar o microfone pela mão para se movimentar, o cuidado deverá ser o mesmo. Nesse caso, não movimente a mão que segura o microfone e deixe-o sempre à mesma distância. Cuidado com fios, são uma armadilha. Embora sejam menos usados hoje em dia, ainda existem microfones com fio. E relembrando, fios e pernas em movimento, sabe o resto, não é?

Não gosto de microfones de lapela, embora tenha um também. Acredito que só funciona se você for falar sentado sem precisar se movimentar muito, no mais, deixe para os apresentadores de telejornais. Ao colocá-lo na lapela, na gravata ou na blusa, procure deixá-lo na parte superior do peito, pois ele possui uma boa sensibilidade e esta distância poderá captar a voz com perfeição. O problema é que qualquer esbarrado na roupa é captado pelo "maldito".

Saiba de uma coisa (isso deveria ficar até em negrito e escrito em vermelho, viu?). Nunca, jamais, em tempo algum, converse os assuntos de *off* se houver um microfone a menos de um metro de distância. É perigoso fazer comentários alheios ao assunto tratado perto de qualquer microfone. Se falar mal de alguém é inadmissível, imagine perto de um microfone. Se quiser ver, e ouvir (*kkk*) algumas situações bizarras, é só ir lá no "Dr. Google" e buscar.

Ressalto aqui que o microfone só vai dar projeção ao áudio captado. O que significa isso? Se quem falar tiver uma dicção ruim ou uma voz "embargada", o microfone só vai aumentar a altura de algo que está ruim. Não há milagres. Como a maioria dos microfones são unidirecionais, o ideal é falar com o microfone de frente para a boca a uma distância média de cinco centímetros.

Fiz um vídeo para o nosso canal no YouTube abordando esse tema depois de observar com frequência que mesmo pessoas experientes erram no uso deste equipamento nas apresentações. Isso se dá pela falta de preparo, ou de observações simples. Se vai usar o microfone, veja vídeos, peça dicas ou observe os que usaram antes de você, fazendo igual ou diferente de acordo com o desempenho deles.

E para ler diante de um microfone posto num pedestal são importantes algumas observações, mesmo que reforçadas por já terem sido comentadas anteriormente. Posicione a folha na altura da parte superior do peito — cuidado para não encobrir o rosto —, enquanto o microfone ficará um pouco abaixo do queixo. Se necessário, apoie a folha sobre uma prancheta ou pasta de papelão para que seu nervosismo não seja demonstrado pelo tremer das mãos e por conseguinte da folha.

Não abrace o pedestal para segurar o discurso. Sim, acontece, porque, além de ser uma atitude deselegante, poderá prejudicar a sua leitura. "As mesmas precauções deverão ser observadas se você tentar falar sentado diante de um microfone posto em um pedestal de mesa. Segure o papel um pouco mais para o lado da haste e, se precisar gesticular, use a outra mão. Se mantiver o discurso entre você e o microfone, este poderá ficar muito distante e não captar bem a voz", diz Reinaldo Polito.

Se o microfone está na mão de uma outra pessoa, um repórter, por exemplo, cabe a ela controlar a distância. Neste caso, não é necessário que você coloque a mão no microfone. É até cômico em alguns momentos quando entrevistados sem experiência querem tomar o equipamento do repórter. Projete bem a voz e foque nas respostas, que devem ser concisas, olhando para o entrevistador.

Quando e onde você vai treinar a sua fala ao microfone?

_____

_____

_____

> "Pode encerrar"

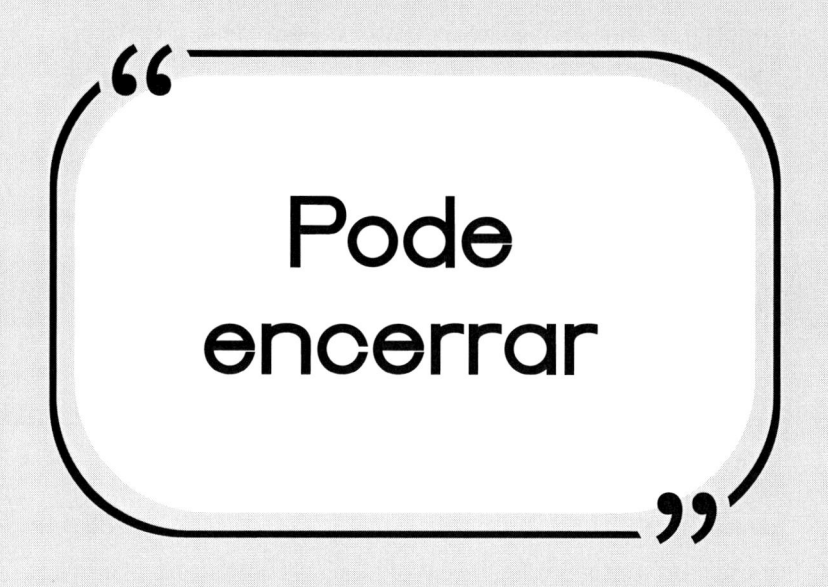

Mesmo que você dê o seu melhor em uma apresentação, sempre ficará com a sensação de que poderia ter feito mais, e que ficou muita coisa por falar. Isso demonstra que você se preparou adequadamente, esse é o segredo. Acredite, para falar em público, mais uma vez afirmo, é importante que você goste de pessoas, goste de gente. Assim, esses momentos serão momentos prazerosos para você, e a sua tarefa se tornará muito mais fácil a cada vez que for executar.

Aristóteles escreveu que devemos buscar a excelência de nós mesmos. Isto é, fazermos o nosso melhor, fazermos tudo o que planejamos e nos preparamos para fazermos, colocando sempre a nossa essência e a nossa emoção. "A excelência nunca é um acidente. É sempre o resultado de alta intenção, esforço sincero, inteligência e execução", concluiu.

O mais importante é que vá para a apresentação com a convicção de que fez tudo o que poderia ter feito na fase preparatória. Não importa quem esteja na plateia, um médico, um juiz ou o prefeito, se você está ali para abordar um assunto é por que está qualificado para tal e se preparou para isso, e garanto que se sairá bem. Pessoas que têm medo de falar em público criam a fantasia de que caso o auditório não goste delas irá vaiá-las, ridicularizá-las ou jogar tomate podre e ovo. Isso é coisa de filmes e novela.

Quando o público não gosta de uma apresentação, o que costuma fazer é não prestar atenção, sair da sala, dormir, conversar, mexer em seus celulares ou coisa do tipo, mas não vai jogar nada nem hostilizar você, exceto as raras situações, como a que narrei no início do livro. Não imagine essas coisas, ao contrário, imagine o sucesso. Tudo é criação da sua mente. De mais a mais, você se preparou, e naquele momento é a principal autoridade naquele assunto.

O público em geral tende a querer apoiar o palestrante que se mostra nervoso e inseguro. Fazem isso rindo de suas piadas, mesmo quando são sem graça, e aplaudindo, mesmo quando a apresentação foi fraca. Essa é uma tendência humana comum, é como quando torcemos por um lutador que está apanhando ou um time mais fraco que enfrenta um gigante.

Porém, essa situação não acontecerá com você. Se seguir critérios para uma apresentação de alto nível, será aplaudido com sinceridade e bem avaliado ao final. As técnicas descritas aqui farão incríveis diferenças e a você caberá ao final saborear a vitória, já que a sua apresentação será um sucesso. Agora quero que faça um plano de ação que você seguirá à risca para melhorar a sua comunicação em público, considerando os aspectos aqui abordados.

Em relação ao Livro que acabou de ler:

1. Enumere, de acordo com a ordem de execução, as cinco principais ações que irá efetivar a partir de agora para melhorar a sua performance na comunicação:

_____

_____

_____

2. Considerando o seu tempo e agenda, em qual dia e horário pretende começar cada uma delas?

_____

_____

3. Tem alguma coisa que possa impedir você de começar no dia e horário especificados para cada uma? Se tiver, o que irá fazer em relação a cada uma?

_____

_____

_____

4. Quais os recursos necessários para a execução de cada uma? Você já os tem? Se não, o que pretende fazer para dar sequência ao projeto?

_____

_____

_____

5. Quanto tempo depois de iniciada a ação pretende fazer uma avaliação de resultados? Como fará isso?

_____

_____

_____

Escreva os pontos que mais chamaram a sua atenção no livro:

_____

_____

_____

_____

_____

_____

_____

_____

> "SOMOS ESCRAVOS DA NOSSA PRÓPRIA FALTA DE ATITUDE."
> Gabriel, o Pensador

Referências

ALBUQUERQUE, Jamil. *A arte de lidar com pessoas:* a inteligência interpessoal aplicada. São Paulo, 2017.

ANTUNES, Celso; QUAGLIA, Claudiane; SANT'ANNA, Dalmir; PERISSÉ, Gabriel; BONIEK, Israel; BOZZA, Sandra. *Formação integral do educador.* São Paulo: Eureka!, 2018.

BYHAM, Tacy M. *Seu primeiro cargo de liderança:* como líderes catalisadores conseguem extrair o que há de melhor nas pessoas. Tradução de Cláudia Gerpe Duarte. São Paulo: Cultrix, 2016.

BUCKINGHAM, Marcus; CLIFTON, Donald O. *Descubra seus pontos fortes.* Tradução de Mário Molina. Rio de Janeiro: Sextante, 2008.

CORTELLA, Mario Sergio. *Pensatas Pedagógicas:* nós e a escola: agonias e alegrias. Petrópolis (RJ): Vozes, 2014.

EMMETT, Rita. *Não deixe para depois o que você pode fazer agora.* Tradução de Vera Maria Whately. Rio de Janeiro: Sextante, 2003.

GOLEMAN, Daniel. *Foco:* a atenção e seu papel fundamental para o sucesso. Rio de Janeiro: Objetiva, 2014.

GONÇALVES, Israel Boniek. *Pedagogia do lado avesso.* Curitiba: Editora Edifica, 2016.

HILL, Napoleon. *A lei do triunfo:* curso prático em 16 lições: ensinando, pela primeira vez na história do mundo, a verdadeira filosofia sobre a qual repousa todo o triunfo pessoal. Tradução de Fernando Tude de Souza. Rio de Janeiro: José Olympio, 2014.

HOLT, Douglas B. *Como as marcas se tornam ícones:* os princípios do branding cultural. Tradução de Gilson César Cardoso de Sousa. São Paulo: Cultrix, 2005.

HUNTER, James C. *O monge e o executivo*. Tradução de Maria da Conceição Fornos de Magalhães. Rio de Janeiro: Sextante, 2004.

_____. Como se tornar um líder servidor. Tradução de A. B. Pinheiro de Lemos. Rio de Janeiro: Sextante, 2006.

KNAPP, Duane E. *Brandmindset:* fixando a marca. Rio de Janeiro: Qualitymark, 2002.

KOTLER, Philip, *Marketing de A a Z:* 80 conceitos que todo profissional precisa saber. São Paulo: Campus, 2003.

KOTLER, Philip; ARMOSTRONG, Gary. *Princípios de Marketing.* São Paulo: Pearson, 2003.

KOTLER, Philip; KARTAJAYA, Hermawan; SETIAWAN, Iwan. *Marketing 3.0:* as forças que estão definindo o novo marketing centrado no ser humano. São Paulo: Elsevier, 2010.

LONGINOTTI-BUITONI, Gian Luigi. *Vendendo sonhos:* como tornar qualquer produto irresistível. São Paulo: Negócio Editora, 2000.

LUPPA, Luis Paulo. Os 50 hábitos altamente eficazes do vendedor Pit Bull. São Paulo: Editora Landscape, 2006.

MATOS, Gustavo Gomes de. *Comunicação empresarial sem complicação*: como facilitar a comunicação na empresa, pela via da cultura e do diálogo. Barueri (SP): Manole, 2009.

PASSADORI, Reinaldo. *Comunicação essencial:* estratégias eficazes para encantar seus ouvintes. São Paulo: Editora Gente, 2003.

FRANÇA, Sulivan (coordenação editorial). *PCC: Professional Coach Certification:* livro de metodologia. São Paulo: SF Treinamentos, 2014.

POLITO, Reinaldo. *Um jeito bom de falar bem:* como vencer na comunicação. São Paulo: Saraiva, 2001.

PY, Luiz Alberto. *A felicidade é aqui:* lições da antiga sabedoria. São Paulo: Rocco, 2003.

ROBBINS, Tony. *Poder sem limites:* o caminho do sucesso pessoal pela programação neurolinguística. Tradução de Muriel Alves Brazil. Rio de Janeiro: BestSeller, 2016.

RODRIGUES, Reginaldo. *Onde você está?* O mercado quer te encontrar. Divinópolis (MG): Artigo A, 2019.

WERNECK, Hamilton. Como encantar alunos da matrícula ao diploma. 5.ed. Rio de Janeiro: Wak Editora, 2012.

Sites

exame.com.br

uol.com.br

terra.com.br

administradores.com.br

clubedafala.com.br

gente.ig.com.br

manager.com

personare.com.br

reinaldopolito.com.br

dicionariopopular.com

nasrudin.com.br

thespeaker.com.br